Neem de regie over je depressie

Dit boek, Neem de regie over je depressie. Werkboek voor de cliënt, is onderdeel van de reeks Protocollen voor de GGZ.

Serie Protocollen voor de GGZ
De boeken in de reeks Protocollen voor de GGZ geven een sessiegewijze omschrijving van de behandeling van een specifieke psychische aandoening weer. De theorie is beknopt en gestoeld op wetenschappelijke evidentie voor zover deze bekend is. Protocollen voor de GGZ is bedoeld voor psychologen, psychotherapeuten, psychiaters en andere hulpverleners.

Bestellen
De boeken zijn te bestellen via de boekhandel of rechtstreeks via de webwinkel van uitgeverij Bohn Stafleu van Loghum: www.bsl.nl.

Redactie
Dr. Marieke Pijnenborg is werkzaam als universitair hoofddocent aan de afdeling Klinische psychologie en experimentele psychopathologie van de Rijksuniversiteit Groningen. Daarnaast werkt zij als GZ-psycholoog en cognitief gedragstherapeut bij de TOPGGz afdeling Psychosecircuit van Drenthe.

Drs. Willemijn Scholten is GZ-psycholoog, psychotherapeut, cognitief gedragstherapeut en onderzoeker. Zij werkt op de TOP klinische academische polikliniek angst- en dwangstoornissen en op de onderzoeksafdeling van GGZ inGeest in Amsterdam.

Neem de regie over je depressie

Werkboek voor de cliënt

dr. Jenneke Wiersma

dr. Anneke van Schaik

prof. dr. Patricia van Oppen

Houten 2015

© 2015 Bohn Stafleu van Loghum, onderdeel van Springer Media
Alle rechten voorbehouden. Niets uit deze uitgave mag worden verveelvoudigd, opgeslagen in een geautomatiseerd gegevensbestand, of openbaar gemaakt, in enige vorm of op enige wijze, hetzij elektronisch, mechanisch, door fotokopieën of opnamen, hetzij op enige andere manier, zonder voorafgaande schriftelijke toestemming van de uitgever.
Voor zover het maken van kopieën uit deze uitgave is toegestaan op grond van artikel 16b Auteurswet jo het Besluit van 20 juni 1974, Stb. 351, zoals gewijzigd bij het Besluit van 23 augustus 1985, Stb. 471 en artikel 17 Auteurswet, dient men de daarvoor wettelijk verschuldigde vergoedingen te voldoen aan de Stichting Reprorecht (Postbus 3060, 2130 KB Hoofddorp). Voor het overnemen van (een) gedeelte(n) uit deze uitgave in bloemlezingen, readers en andere compilatiewerken (artikel 16 Auteurswet) dient men zich tot de uitgever te wenden.
Samensteller(s) en uitgever zijn zich volledig bewust van hun taak een betrouwbare uitgave te verzorgen. Niettemin kunnen zij geen aansprakelijkheid aanvaarden voor drukfouten en andere onjuistheden die eventueel in deze uitgave voorkomen.

ISBN 978 90 368 1002 9
NUR 777

Ontwerp omslag en binnenwerk: Studio Bassa, Culemborg
Automatische opmaak: Pre Press Media Groep, Zeist

Bohn Stafleu van Loghum
Het Spoor 2
Postbus 246
3990 GA Houten

www.bsl.nl

Inhoud

1. **Inleiding** — 7
   1.1 Inleiding — 7
   1.2 Kenmerken van een chronische depressie — 7
   1.3 Globaal denken — 8
   1.4 'Het maakt niet uit wat ik doe'-denken — 8
   1.5 Consequenties van globaal denken en 'het-maakt-niet-uit-wat-ik-doe'-denken — 9
   1.6 Doelstellingen van de behandeling — 9

2. **Uitleg over CBASP en het beloop van de depressieve klachten: Sessie 1** — 11
   2.1 Inleiding — 11
   2.2 Uitleg CBASP — 11
   2.3 Beloop van de depressie in kaart brengen — 11
   2.4 Vragenlijst — 14
   2.5 Huiswerk — 14

3. **Belangrijke personen: Sessie 2** — 17
   3.1 Inleiding — 17
   3.2 De belangrijke personen in je leven — 17
   3.3 Voorbeelden van belangrijke personen — 17
   3.4 Conclusie — 20

4. **Situatie-analyse (SA): vanaf sessie 3** — 23
   4.1 Eén probleem tegelijk aanpakken — 23
   4.2 Stap voor stap — 24
   4.3 Voorbeelden van SA's — 24
   4.4 Conclusie — 33

5. **Interpersoonlijk onderscheid maken (IOM)** — 37
   5.1 Inleiding — 37
   5.2 De jeugd van chronisch depressieve mensen — 37
   5.3 Negatieve verwachtingen — 37
   5.4 Een aantal voorbeelden — 38
   5.5 Conclusie — 39

6. **Sociale Vaardigheden** — 41
   6.1 Inleiding — 41
   6.2 Herkennen van communicatiestijlen — 41
   6.3 Consequenties van communicatiestijlen — 42
   6.4 Oefenen met assertief gedrag — 43
   6.5 Een aantal voorbeelden — 44
   6.6 Conclusie — 46

7. Afsluiten van de behandeling 47
   7.1 Inleiding 47
   7.2 Terugvalpreventieplan 47
   7.3 Afbouwen 48
   7.4 Conclusie 48

Bijlagen 49

Bijlage 1 Beloopstabel depressie 50

Bijlage 2 Belangrijke personen formulier 51

Bijlage 3 Situatie-analyse 52

Literatuur 53

Over de auteurs 55

1 Inleiding

1.1 Inleiding

Dit werkboek is geschreven ter ondersteuning bij je CBASP-therapie (*Cognitive Behavioral Analysis System of Psychotherapy*). Hoe meer je weet van wat de behandeling inhoudt, des te succesvoller zal de behandelmethode zijn. Neem de tijd om het werkboek te lezen. In het begin zal het best lastig zijn om de dingen die beschreven staan voor elkaar te krijgen, maar hier zal de CBASP-therapeut je bij helpen. Deze zal je tijdens de behandeling bijstaan, je de vaardigheden proberen te leren die je nodig hebt om je depressie te overwinnen en je steunen en aanmoedigen tijdens de behandeling. We willen je aansporen om het werkboek te blijven gebruiken tijdens de behandeling. Mocht je vragen hierover hebben, dan is het goed om deze op te schrijven en te bespreken met je therapeut.

1.2 Kenmerken van een chronische depressie

Het CBASP-werkboek is geschreven voor mensen met een chronisch verlopende depressie. Een chronische depressie is een stoornis met vaak zowel biologische als ook psychologische oorzaken, die ten minste twee jaar bestaat, maar soms zelfs wel meer dan twintig jaar. Een chronische depressie zorgt ervoor dat je kunt gaan denken dat je nooit een normaal leven zult kunnen leiden. Door de CBASP-behandeling zul je erachter komen dat je situatie minder uitzichtloos is dan je wellicht denkt. Een chronische depressie heeft de neiging je positieve eigenschappen teniet te doen. Omdat niets van wat je hebt geprobeerd je klachten blijvend heeft verminderd, is het niet vreemd dat je je hulpeloos en hopeloos kunt voelen. Gevoelens van hulpeloosheid en hopeloosheid zijn twee belangrijke kenmerken van de stoornis.

Depressie is een geduchte vijand. Depressieve symptomen kunnen het gevoel van competentie, zelfvertrouwen en eigenwaarde flink ondermijnen. We weten ook dat je waarschijnlijk pas optimistischer wordt over deze aanpak wanneer je daadwerkelijk merkt dat je klachten verminderen. We begrijpen het daarom goed als je vooralsnog sceptisch blijft over het mogelijke effect van de behandeling.

Het belangrijkste doel van dit werkboek is de CBASP-behandeling uit te leggen en te laten zien wat er te doen valt tegen je depressie. Je depressie is niet onbehandelbaar en hoeft niet voor de rest van je leven aanwezig te zijn. Door CBASP zijn al veel mensen met een chronische depressie zich beter gaan voelen. Om dit doel te bereiken, moet je hard werken; de behandeling zal niet vanzelf gaan. Je moet bereid zijn je in te zetten, zowel tijdens de therapiesessies als daarbuiten. Het is ook belangrijk dat je regelmatig huiswerk maakt om vaardigheden die je leert in de therapie te oefenen en je eigen te maken. Je therapeut zal je hier uiteraard bij helpen.

1.3
Globaal denken

Aan het begin van de therapie hebben de meeste mensen met chronisch depressieve klachten er weinig vertrouwen in dat ze hun problemen kunnen oplossen. Kenmerkend hierbij is dat er sprake kan zijn van een zogenaamde globale of algemene benadering van problemen. Enkele voorbeelden:

> Niets helpt mij toch.
> Niemand kan echt van me houden of om me geven.
> Alles wat ik doe mislukt, wat ik ook probeer.
> Ik voel me volkomen waardeloos.
> Mensen wijzen me uiteindelijk altijd af.
> Het heeft geen zin om het te proberen, ik verpest het toch weer.
> Mijn leven is de ene ramp na de andere.
> Mensen houden nooit rekening met me.
> Ik krijg toch nooit een goede relatie met iemand.
> Ik kan nooit iets goed doen.
> Ik leer deze therapiedingen toch nooit. Het zal weer mislukken.
> Iedereen vindt me stom, ik kan nooit iets goed doen.

Lijkt een van deze uitspraken op de manier waarop jij denkt en praat over je problemen? Geef jij ook dit soort commentaar als de dingen niet gaan zoals je wilt of als je in een moeilijke situatie terechtkomt met iemand anders? Als je één of beide vragen met 'ja' kunt beantwoorden, dan is een globale en algemene manier van denken ook op jou van toepassing. Wij weten uit ervaring dat als je op deze manier naar je problemen kijkt, je weinig gericht iets kunt veranderen. Het specifieke probleem (waar je in een bepaalde situatie last van hebt) krijg je hiermee niet te pakken. Voor het oplossen van problemen is juist een specifiek actieplan nodig. Daarover schrijven we later meer.

1.4
'Het maakt niet uit wat ik doe'-denken

Chronisch depressieve mensen hebben bij problemen vaak het gevoel dat het niets uitmaakt, wat ze ook doen. Op een stressvolle situatie reageren ze met:

> Het maakt toch niet uit wat ik doe, dus waarom die moeite?
> Ook al zou ik dingen proberen te veranderen en op mensen afstappen, er verandert toch niets, niemand vindt me aardig.

Deze benadering leidt, net als denken in globale termen, niet tot het oplossen van een specifiek probleem. Eerder leidt een dergelijke manier van denken tot het uit de weg gaan van de stressvolle situatie. Daarmee wordt het specifieke probleem dus niet aangepakt.

1.5
Consequenties van globaal denken en 'het-maakt-niet-uit-wat-ik-doe'-denken

Denken in globale termen en 'het-maakt-niet-uit-wat-ik-doe'-denken zijn *grote obstakels, grote zelfvernietigers*. Ze staan het effectief omgaan met problemen in de weg en kunnen leiden tot gevoelens van hulpeloosheid en hopeloosheid.

Telkens als je in globale termen denkt of je terugtrekt uit stressvolle situaties, omdat je denkt dat je er toch niks aan kunt doen, blijf je zitten met het gevoel dat het niet belangrijk is wat je doet, dat je geen wezenlijke invloed hebt op de dingen die je meemaakt. Het lukt je niet om problemen op te lossen. De CBASP-therapie helpt deze negatieve benadering te vervangen door een positievere, specifieke aanpak. Als je merkt dat het je lukt je problemen beter op te lossen, zul je zien dat de gevoelens van hulpeloosheid en hopeloosheid afnemen.

1.6
Doelstellingen van de behandeling

CBASP-therapie is bedoeld om je te helpen je anders te leren gedragen. De therapie helpt je om te stoppen je problemen vanuit een globaal perspectief te benaderen, en laat zien dat het wel degelijk uitmaakt wat je doet. Je leert herkennen welke specifieke consequenties jouw gedrag heeft voor anderen. Met andere woorden, hoe kom jij op anderen over. Maak je wel duidelijk wat je van anderen wilt en geef je ook aan wat je niet wilt? Zo niet, dan ga je oefenen om te leren duidelijk naar anderen te zijn. Zodra je je kracht in de omgang met anderen begint te voelen en beseft dat je nu over de vaardigheden beschikt om die kracht effectief te gebruiken, raken de gevoelens van hulpeloosheid en hopeloosheid meer op de achtergrond. In de rest van dit werkboek *Neem de regie over je depressie* maak je kennis met de CBASP-technieken die je hierbij gaan helpen.

Tijdens de eerste weken van de CBASP-therapie vinden meestal twee sessies per week plaats. Na een week of vier kunnen de sessies naar één keer per week worden afgebouwd. Na verloop van tijd kan de frequentie van sessies verder worden afgebouwd naar één keer per twee weken en op het eind van de behandeling naar maandelijkse sessies. Als er een stabiele situatie is ontstaan en geen grote veranderingen meer optreden in je stemming, wordt het afronden van de therapie besproken.

Werkwijze

Dit werkboek bestaat uit zeven hoofdstukken. In de eerste zes hoofdstukken worden de CBASP-technieken beschreven. In het laatste hoofdstuk komt het afsluiten van de behandeling aan de orde. Tijdens de behandeling zul je regelmatig gevraagd worden opdrachten te maken; hiervoor zijn speciale formulieren bijgevoegd. Aan het einde van elk hoofdstuk is het formulier toegevoegd dat bij dat hoofdstuk hoort. De formulieren zijn ook opgenomen als bijlage achter in het boek.

We hebben in dit werkboek gekozen voor een informele schrijf- en aanspreekstijl. Dit houdt in dat we de lezer aanspreken met 'je' en dat de therapeut de cliënt in de voorbeelden tutoyeert. We vonden dit passend bij de CBASP-methode, waarbij de therapeut een directe, persoonlijke aanpak heeft. Uiteraard zal de therapeut zich aanpassen aan jouw voorkeur voor al dan niet tutoyeren.

Tot slot, wanneer we naar de therapeut en cliënt verwijzen doen wij dit in de mannelijke vorm ('hij'); echter, waar de mannelijke vorm wordt gebruikt, kan ook de de vrouwelijke vorm ('zij') worden gelezen.

2 Uitleg over CBASP en het beloop van de depressieve klachten: Sessie 1

2.1 Inleiding

Tijdens de eerste sessie geeft de therapeut je kort uitleg over hoe de CBASP-behandeling er uit zal zien. Vervolgens breng je samen met de therapeut het beloop van je depressieve klachten in kaart, waarbij de depressieve perioden op een tijdlijn worden ingetekend en per periode wordt nagegaan hoe lang deze periode duurde, wat de aanleiding was en of er behandeling plaatsvond.

2.2 Uitleg CBASP

Uit onderzoek is gebleken dat CBASP effectief is bij veel mensen die langdurig depressieve klachten hebben, zoals jij die ook hebt (Keller et al. 2000; Wiersma et al. 2014). Tijdens de eerste sessie wordt aandacht besteed aan hoe de depressies er bij jou uitzien en hoe deze depressies je leven beïnvloed hebben. In de tweede sessie wordt ingegaan op de belangrijke personen in je leven, welke invloed zij op jou (gehad) hebben, om een beeld te krijgen van wat je hebt meegekregen uit de omgang met anderen. Daarna richt de therapie zich op het heden. Er wordt je gevraagd om (problematische) situaties in te brengen. Het is namelijk bekend dat depressieve klachten samenhangen met problemen in de omgang met anderen. Aan de hand van de situatie die je inbrengt, wordt nagegaan wat er precies tussen jou en anderen gebeurt en hoe dit je stemming beïnvloedt. Samen met de therapeut zul je gaan kijken hoe je beter voor jezelf kunt opkomen, en zul je beter leren aangeven wat je wel of niet wilt. Als het beter gaat in de relaties met anderen, zal de depressie ook meer naar de achtergrond schuiven. Overigens kunnen die interpersoonlijke problemen soms ook binnen de therapie spelen met je therapeut. Daar is binnen CBASP speciaal aandacht voor, waardoor je tijdens de behandeling gaat ervaren hoe jij en de therapeut daar dan mee om kunnen gaan.

2.3 Beloop van de depressie in kaart brengen

Tijdens de eerste sessie neemt de therapeut het beloop van je depressie met je door, bezien over je hele leven. Hierbij wordt een beloopstabel gebruikt. verderop in dit hoofdstuk staat een voorbeeld van zo'n tabel. Er staat een lege tabel aan het eind van dit hoofdstuk en in bijlage 1.
De therapeut vraagt je wanneer je voor het eerst last had van een depressie. Dit wordt op de tijdlijn ingetekend. Per depressieve periode zal de therapeut je vragen naar de ernst van de depressie, hoe lang deze duurde, of er een aanleiding was, of er be-

handeling plaatsvond, en zo ja, waar de behandeling uit bestond. Zo wordt de hele tijdlijn tot aan het heden toe doorlopen. Het doel hiervan is om verbanden te leggen tussen depressieve perioden, belangrijke levensgebeurtenissen en de manier waarop jij hiermee omgegaan bent. Het is overigens ook prima om te beginnen bij het heden en zo terug te gaan tot de periode dat je voor het eerst depressief was. Hier volgt een voorbeeld van hoe dat tijdens de eerste sessie bij Els ging (Els is een fictief persoon).

Voorbeeld Els

Els is een getrouwde vrouw van 67 jaar. Op 24-jarige leeftijd werd zij voor het eerst depressief. Als kind was ze vaak somber en maakte ze zich zorgen over haar broertjes en zusjes. Ze groeide op in een streng gelovig gezin, waarin de kinderen met harde hand tot gehoorzaamheid werden gedwongen. Als oudste van zes kinderen kwam veel van de zorg voor hen op haar neer. Deze verantwoordelijkheid drukte zwaar op haar. Op haar 23e ging ze uit huis om met Gerard te trouwen. Ze kregen twee kinderen en hebben inmiddels twee kleinkinderen. Els heeft het nooit aangedurfd om betaald werk te verrichten. Ze heeft wel veel vrijwilligerswerk gedaan. Bij grote levensveranderingen speelt de depressie steeds op: uit huis gaan en trouwen, betaald werk aangeboden krijgen, het overlijden van haar vader. Sinds twee jaar heeft zij de mantelzorg op zich genomen voor haar moeder. Dit valt haar zwaar. Els is sindsdien weer somber en besluit hulp te zoeken.

Het gesprek over het beloop van de depressieve klachten van Els

Therapeut:	Els, je hebt me verteld dat je al lang last hebt van depressieve klachten. Wat ik vandaag met je wil doen, is kijken hoe die depressieve episoden zijn verlopen in je leven. Weet je nog wanneer je voor het eerst echt depressief was?
Els:	Ja, dat was toen ik uit huis ging. Toen ik net getrouwd was in 1971.
Therapeut:	Hoe lang hebben die depressieve klachten toen geduurd?
Els:	Twee jaar. In 1973 werd ik zwanger van mijn zoon Willem en ging het weer beter, ik had een doel in mijn leven.
Therapeut:	Hoe lang heeft die goede periode geduurd?
Els:	Nou, wat ik me kan herinneren is dat toen mijn dochter Jantien werd geboren in 1976 ik me weer heel slecht ging voelen. Ik voelde me een slechte moeder en dat was ik denk ik ook.
Therapeut:	Heb je toen hulp gezocht?
Els:	Ja, ik kreeg medicatie van de huisarts.
Therapeut:	En hielp dat?
Els:	Dat hielp wel wat, maar het zou ook best een placebowerking kunnen zijn geweest, want het duurde toch zeker twee jaar voor het weer wat beter ging. Het was een zware periode.
Therapeut:	Hoe ging het daarna, hoe ben je daar uitgekomen?
Els:	Ik ging in 1980 werken als vrijwilliger in een verzorgingshuis. Dat ging goed en dat deed ik heel graag. Ik ben toen ook gestopt met de medicatie.
Therapeut:	Je kreeg een ander perspectief.
Els:	Ja. Maar na twee jaar vroegen ze of ik voor vast wilde komen werken, dat gaf veel spanning en ik koos er uiteindelijk voor dit niet te doen. In die periode werd ik weer somber.

Therapeut:	Dat was een periode van twijfel en confrontatie dat je zo'n stap niet kon maken en gaf een terugslag.
Els:	Ja, het duurde wel een paar jaar voor ik me weer beter voelde.
Therapeut:	Hoe ging het toen verder in je leven?
Els:	In 1991 ging mijn zoon uit huis, dat vond ik moeilijk. Dat waren ook weer een paar moeilijke jaren. Toen overleed mijn vader in 2000. Ik ben toen naar de GGZ verwezen en kreeg ook weer medicatie voorgeschreven. In 2002 ging het toen weer wat beter. Maar toen mijn man met pensioen ging in 2005 werd ik ook weer somber. Het ging toen al vrij snel wel weer wat beter met de hulp van mijn man. Maar sinds mijn moeder in 2013 haar heup brak, zit ik weer in een slechte periode.
Therapeut:	En hangt deze slechte periode samen met het feit dat je nu veel zorg voor je moeder hebt?
Els:	Ja, dat denk ik wel, ik ga er drie keer per week naartoe en dat is een hele opgave. Ik zou er liever niet komen. Maar het moet nou eenmaal.
Therapeut:	Het voelt als een verplichting en het bedrukt je heel erg, waardoor het je niet lukt om uit deze sombere periode te komen.
Els:	Ja.
Therapeut:	Als we zo terugkijken op je leven, dan zien we dat je regelmatig last hebt gehad van langdurende depressieve perioden en dat je ook nu in zo'n periode zit. We noemen dit een chronische depressie, omdat de klachten langdurig zijn en ook steeds weer terugkomen. De therapie waar we nu mee gestart zijn, richt zich specifiek op deze klachten, met als doel meer grip te krijgen op deze langdurige klachten.

Beloopstabel Depressie

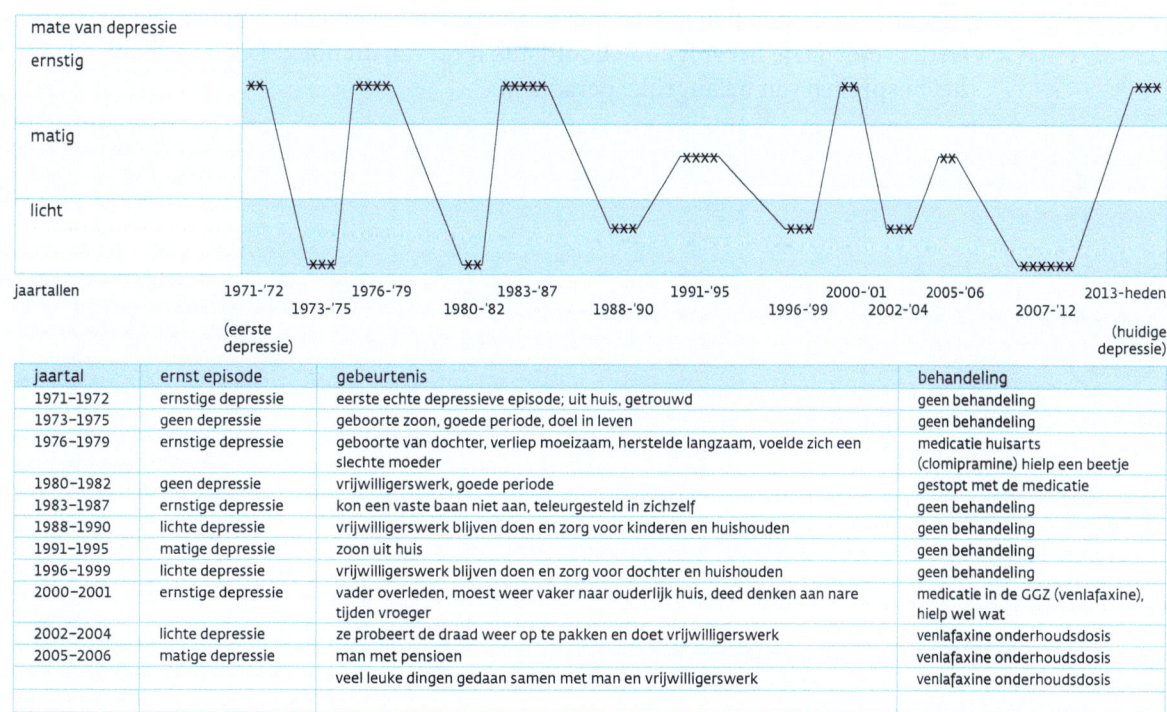

jaartal	ernst episode	gebeurtenis	behandeling
1971-1972	ernstige depressie	eerste echte depressieve episode; uit huis, getrouwd	geen behandeling
1973-1975	geen depressie	geboorte zoon, goede periode, doel in leven	geen behandeling
1976-1979	ernstige depressie	geboorte van dochter, verliep moeizaam, herstelde langzaam, voelde zich een slechte moeder	medicatie huisarts (clomipramine) hielp een beetje
1980-1982	geen depressie	vrijwilligerswerk, goede periode	gestopt met de medicatie
1983-1987	ernstige depressie	kon een vaste baan niet aan, teleurgesteld in zichzelf	geen behandeling
1988-1990	lichte depressie	vrijwilligerswerk blijven doen en zorg voor kinderen en huishouden	geen behandeling
1991-1995	matige depressie	zoon uit huis	geen behandeling
1996-1999	lichte depressie	vrijwilligerswerk blijven doen en zorg voor dochter en huishouden	geen behandeling
2000-2001	ernstige depressie	vader overleden, moest weer vaker naar ouderlijk huis, deed denken aan nare tijden vroeger	medicatie in de GGZ (venlafaxine), hielp wel wat
2002-2004	lichte depressie	ze probeert de draad weer op te pakken en doet vrijwilligerswerk	venlafaxine onderhoudsdosis
2005-2006	matige depressie	man met pensioen	venlafaxine onderhoudsdosis
		veel leuke dingen gedaan samen met man en vrijwilligerswerk	venlafaxine onderhoudsdosis

2.4 Vragenlijst

Bij CBASP wordt veel gebruikgemaakt van vragenlijsten om bij te houden hoe het gaat met je depressieve klachten. Zowel, voor, tijdens als aan het eind van de behandeling zal je gevraagd worden een vragenlijst in te vullen, zodat je samen met de therapeut een goed beeld hebt van de ernst van je depressieve klachten en veranderingen daarin. Als het goed is, zullen je depressieve klachten gaan afnemen tijdens de behandeling. Mocht dit niet het geval zijn, dan kun je samen met je therapeut gaan onderzoeken waar dit aan kan liggen. (Zijn er zaken die in de behandeling niet goed lopen? Moet er medicatie worden voorgeschreven of bijgesteld? Zijn er andere zaken die momenteel aandacht verdienen?) De vragenlijst kun je zien als een soort thermometer van je depressieve klachten.

2.5 Huiswerk

In de volgende sessie zullen de belangrijke personen uit je leven centraal staan. De therapeut zal je vragen welke mensen (vier tot zes) in je leven een belangrijke rol hebben gespeeld en wat voor stempel ze op je hebben gedrukt. Dat stempel kan positief zijn geweest, bijvoorbeeld: 'Zij was een lieve oma, bij haar voelde ik me veilig en kon ik terecht; door haar weet ik nu dat er mensen zijn die je om hulp kunt vragen'. Zo'n stempel kan ook negatief zijn, bijvoorbeeld: 'Mijn vader had het altijd druk met zijn werk. Als ik hem iets vroeg, luisterde hij niet. Ik heb daaraan de overtuiging overgehouden dat ik mijn problemen toch altijd zelf moet oplossen'. Het is de bedoeling dat je zelf alvast gaat nadenken over wie dit voor jou zijn geweest. Je gaat deze personen dan samen met de therapeut bespreken. Onderdeel van het huiswerk is ook dat je het volgende hoofdstuk leest van dit boek. Dat hoofdstuk gaat over het bespreken van belangrijke personen.

Beloopstabel Depressie

mate van depressie																
ernstig																
matig																
licht																
jaartallen																

	(eerste depressie)							(huidige depressie)								
ernst episode								behandeling								
gebeurtenis																
jaartal																

3 Belangrijke personen: Sessie 2

3.1 Inleiding

De tweede therapiesessie is bedoeld om informatie te krijgen over belangrijke personen die een grote invloed hebben gehad op je leven. In deze sessie vraagt de therapeut in detail na welke invloed deze belangrijke personen op jou gehad hebben. We weten dat er bij mensen met een chronische depressie vaak sprake is geweest van negatieve ervaringen met naaste familieleden of anderen, zoals emotionele verwaarlozing, mishandeling en vernedering. Deze ervaringen gingen gepaard met verdriet en pijn. Opgroeien met dergelijke traumatische ervaringen laat sporen na die direct van invloed zijn op de manier waarop iemand als volwassene naar zichzelf, anderen en dus ook naar de therapeut kijkt. Tijdens deze sessie probeer je samen met je therapeut na te gaan welke ervaringen bij jou een grote rol hebben gespeeld.

3.2 De belangrijke personen in je leven

Afgelopen sessie heeft de therapeut je gevraagd een lijst van vier tot zes belangrijke personen in je leven op te stellen. Aan het eind van dit hoofdstuk en in bijlage 2 tref je een formulier aan waarop je de namen kunt invullen van die belangrijke personen. Deze personen zullen tijdens deze sessie één voor één worden besproken. Voorbeelden van vragen die gesteld kunnen worden zijn (bijvoorbeeld over je vader):

- Hoe was het om op te groeien bij je vader?
- Op welke manier is je vader belangrijk voor je geweest?
- Welke invloed heeft je vader op je gehad toen je klein was en welke invloed heeft hij nu nog?
- Wat heb je geleerd van je vader?
- Welke richting heeft je vader aan jouw leven gegeven?
- Welk stempel heeft je vader op jouw leven nu gedrukt?

Een voorbeeld van een 'stempel': 'Van mijn vader heb ik geleerd dat ik nooit bij hem terecht kon als ik me naar voelde. Problemen in het leven moet je zelf oplossen.'

3.3 Voorbeelden van belangrijke personen

Ter illustratie volgt een korte samenvatting van de belangrijke personen van Els, Maria en René (dit zijn fictieve personen).

Els

Therapeut:	Els, ik had je de vorige keer gevraagd na te denken over welke mensen een belangrijke rol gespeeld hebben in je leven, die bijgedragen hebben aan wie je nu bent. Is dat gelukt?
Els:	Jazeker. Dat zijn mijn man Gerard, mijn vader en mijn moeder en mijn zusje Tineke.
Therapeut:	Mooi, dan zullen we ze nu één voor één gaan langslopen om te kijken op welke manier ze belangrijk zijn geweest. Je hebt eerst je man Gerard genoemd, kun je iets over hem vertellen, hoe het is om met hem samen te zijn, om samen je leven te delen.
Els:	Hij is mijn redder, we kennen elkaar van school. Hij is heel steunend, altijd vrolijk, niets is hem te veel, hij is heel sportief en heel trouw naar mij toe.
Therapeut:	Wat heeft dat met jou gedaan? Wat heb je van Gerard geleerd? Wat is het stempel dat Gerard op jou heeft gedrukt?
Els:	Ik mag er zijn.
Therapeut:	Als je bij hem bent heb je het gevoel dat je je zelf kan zijn.
Els:	Ja.
Therapeut:	We gaan door met je vader. Kun je iets vertellen hoe hij als vader was?
Els:	Hij was heel streng. Hij was er bijna nooit, want hij had een kwekerij.
Therapeut:	Hij bemoeide zich relatief weinig met de opvoeding?
Els:	Nou, hij had wel een rol, als je iets zei dat hem niet zinde, dan kreeg je er van langs.
Therapeut:	Klappen ook echt?
Els:	Ja.
Therapeut:	Dat zal grote impact hebben. Kun je aangeven wat voor invloed dat op jou heeft gehad? Wat voor stempel heeft je vader op jou gedrukt?
Els:	Angstig voor mensen, gevoel dat ik niks ben.
Therapeut:	Dus het stempel: ik ben niks waard.
Els:	Ja.
Therapeut:	We gaan door met je moeder, kun je daar iets over vertellen?
Els:	Mijn ouders waren twee handen op een buik. Zij was misschien nog wel strenger dan mijn vader. Ik moest altijd gehoorzamen.
Therapeut:	En wat voor stempel heeft je moeder op jou gedrukt?
Els:	Je doet het nooit goed.
Therapeut:	Ik ben niet goed genoeg.
Els:	Ja.
Therapeut:	Nu Tineke, kun je beschrijven wat zij voor invloed op jou had?
Els:	Vroeger was het mijn kleine zusje, waar ik voor zorgde. Maar toen werd zij een driftkikker en nu is het zo dat we helemaal niks meer met elkaar hebben. Ze doet heel lelijk tegen mij.
Therapeut:	Wat doet dat met jou?
Els:	Ik voel me machteloos. Zij is mij de baas.
Therapeut:	Het stempel: ik ben machteloos?
Els:	Ja.
Therapeut:	Goed, we hebben ze allemaal doorlopen. Mogelijk herken je dat de stempels die je hebt meegekregen van vroeger een rol spelen in je leven nu, hoe je tegen jezelf en anderen aankijkt. In de therapie zal ik er af en toe op terugkomen als ik merk dat dit speelt.

Maria

Maria is een gescheiden vrouw van 31 die al sinds haar twaalfde jaar depressief is. Ze woont alleen met haar zoontje van 14 maanden. Een aantal keren, meestal wanneer een relatie beëindigd werd, werd Maria depressief. De laatste keer dat dit gebeurde, was twee jaar geleden, na haar scheiding. De laatste zes maanden voelt Maria zich 'matig depressief', maar ze voelt zich nooit echt 'goed'. Ze is in haar jeugd emotioneel verwaarloosd. Haar beide ouders waren alcoholist en haar moeder heeft zelfmoord gepleegd toen Maria 16 jaar oud was. Ze is in haar jeugd jarenlang seksueel misbruikt door haar oudere broer.

Maria brengt vijf personen in tijdens sessie 2. We bespreken hier de beschrijving die ze gaf van haar moeder, vader en broer.

> *Moeder:* Zij was alcoholist en chronisch depressief. Ik moest meestal het huishouden doen (wassen, eten koken, enz.) omdat zij te dronken was en niks deed. Als ik haar smeekte me te helpen, negeerde ze me gewoon. Ik heb niet ergens over gepraat met haar. Ze heeft me nooit bij iets geholpen. Ik kon nooit bij haar terecht met mijn problemen of met iets anders wat ik nodig had. In mijn puberteit heeft zij zelfmoord gepleegd. Ook toen heb ik mij weer enorm in de steek gelaten gevoeld door haar. Zij was er eigenlijk nooit voor mij (ook niet voor anderen) en uiteindelijk liet ze me natuurlijk helemaal in de steek. Het stempel van mijn moeder is: 'Ik ben niet de moeite waard om van te houden'.
> *Vader:* Hij was ook alcoholist en sloeg me als hij dronken was. Hij bezatte zich bij vlagen, en als ik uit school thuiskwam, wist ik nooit of hij dronken zou zijn of niet. Ik nam nooit vriendinnen mee naar huis. Ik schaamde mij erg voor onze thuissituatie. Het huishouden was altijd een chaos. Mijn vader hielp me nooit ergens bij. Ik heb niets van hem geleerd. Drinken, drinken, drinken, en zo nu en dan klappen uitdelen, dat was het enige wat hij deed. Ik moest altijd allerlei dingen voor hem doen; ik was zo'n beetje zijn bediende. Het stempel van mijn vader is: 'Ik heb niets zelf in de hand en ik moet altijd voor mensen zorgen. Ik heb nergens grip op, zeker niet als het om mannen gaat. Wat ik wil, doet er niet toe.'
> *Broer Sam:* Hij is vijf jaar ouder. Sam begon seks van me te eisen toen ik acht jaar oud was. Het begon wat onschuldig, maar al snel ging hij verder en verder. Hij kwam 's avonds naar mijn slaapkamer als mijn ouders allebei dronken waren. Ik kon er niets tegen doen. Ik was doodsbang voor hem, hij was ook heel sterk. Hij dreigde me altijd in elkaar te slaan als ik het aan mijn ouders zou vertellen. Dat heb ik nooit gedaan. Op een gegeven moment ging Sam met zijn verloofde elders wonen en hield het seksueel misbruik op. Ik was toen 16 jaar. Ik heb hem mijn hele leven gehaat. Het stempel van mijn broer is: 'Ik moet op mijn hoede zijn bij mannen, ze maken altijd misbruik van me. Ze gebruiken me alleen en dumpen me dan weer'.

René

René is een accountant van 38 jaar oud, die al zeventien jaar bij hetzelfde grote bedrijf werkt. Hij is veertien jaar getrouwd en heeft vier kinderen. René werd depressief op zijn 24e na een evaluatie waarbij hij als onvoldoende presterend werd beoordeeld op twee werkterreinen. Zijn depressie is sindsdien nooit meer weggeweest. Hij is al veertien jaar depressief, ondanks dat hij het uiteindelijk goed heeft gedaan op zijn werk als je 'succes' afmeet aan de bedrijfsnorm. Hij heeft de laatste vijf jaar zelfs een reeks positieve evaluaties gehad en onlangs salarisverhoging en promotie gekregen. René noemt verscheidene perioden waarin hij ernstig depressief was. Acht jaar geleden was hij twee weken opgenomen vanwege zelfmoordgedachten. Hij heeft door de jaren heen veel verschillende medicatie voorgeschreven gekregen en slikt op dit moment fluoxetine. Dit antidepressivum verdraagt hij goed en helpt hem een beetje, maar geen enkele medicatie heeft de chronische depressie echt doen afnemen.

René brengt vijf personen in tijdens sessie 2. We bespreken hier de beschrijving die hij gaf van zijn moeder, vader en neef.

Moeder: Zij was erg passief. Ik denk dat ze wel van me hield, maar dat liet ze niet zien. Ze deed erg haar best om een goede echtgenote en moeder te zijn, maar daar slaagde ze niet in, vind ik. Ze werd totaal overheerst door mijn vader. Ze maakte veel fouten en nam zichzelf haar blunders kwalijk. Het stempel van mijn moeder is: 'Dat je niet veel kunt verwachten van vrouwen; ze zijn goedaardig, maar vrij ineffectief'.
Vader: Hij speelde de baas over mijn moeder en mij. Hij had op alles van mijn moeder kritiek. Zij kon niets goed doen. Ze hoorde zijn kritiek aan en protesteerde nooit. Hij zei altijd dat het nooit wat met me zou worden. Pa vergeleek me met de zoon van zijn broer, die hij beschouwde als de 'perfecte zoon'. Hij zei dat ik een mislukkeling was. Het stempel van mijn vader is: 'Wat ik ook doe, ik zal altijd een sukkel en een mislukkeling zijn'.
Neef: Michiel deed alles wat ik nooit kon. Hij was een uitmuntende leerling en goed in sport. Hij ging uit met de populairste meisjes. Hij deed het fantastisch op de universiteit, en ik hoorde bij de middenmoot. Hij verdient goed als advocaat. Mijn salaris steekt schril af bij het zijne. Het stempel van Michiel is: 'Ik ben niet goed genoeg'.

3.4
Conclusie

Als je zelf ook je belangrijke personen hebt doorgenomen, is het aan het einde van deze sessie duidelijk geworden welke stempels die belangrijke personen in je leven op jou hebben gedrukt. Hierdoor wordt het vaak ook duidelijk op welke manier je naar jezelf, anderen en dus ook naar de therapeut kijkt. De therapeut probeert hier rekening mee te houden, aangezien negatieve ervaringen van vroeger vaak negatieve verwachtingen oproepen in therapie: '*Zoals dingen vroeger voor me waren met anderen, zullen ze hier ook wel weer zijn met de therapeut.*' Je kunt wel tegen jezelf zeggen dat die verwachtingen onredelijk zijn, maar gevoelsmatig werkt dit vaak anders. Gevoelsmatig is er vaak een diep wantrouwen ontstaan naar anderen, dat niet zomaar even opzijgezet kan worden. Dit kost tijd. De therapeut zal je vertrouwen moeten winnen. Binnen de CBASP-behandeling wordt hier rekening mee gehouden. In hoofdstuk 5 staat beschreven hoe de therapeut dit zal proberen te doen.

Belangrijke personen formulier

1. Naam: _____

[lined text box]

Stempel: _____

2. Naam: _____

[lined text box]

Stempel: _____

3. Naam: _____

[lined text box]

Stempel: _____

Belangrijke personen formulier (vervolg)

4. Naam: _____

[lined text box]

Stempel: _____

5. Naam: _____

[lined text box]

Stempel: _____

6. Naam: _____

[lined text box]

Stempel: _____

4 Situatie-analyse (SA): vanaf sessie 3

4.1 Eén probleem tegelijk aanpakken

Zoals eerder besproken, wordt er binnen CBASP specifiek naar problemen gekeken. Iedere situatie is weer anders. Daarom is het belangrijk niet in algemene of globale termen over je problemen praten, maar de moeilijke situaties specifiek en één voor één uit te werken en aan te pakken. Hiervoor wordt gebruikgemaakt van de techniek *situatie-analyse*, afgekort 'SA'. Dit is de meest gebruikte en hiermee ook eigenlijk de belangrijkste techniek binnen CBASP. Het doel van deze techniek is dat je leert, in plaats van op een globale manier ('niemand neemt mij serieus'), op een specifieke manier te denken ('de buurman neemt mij niet serieus over de overlast die hij me bezorgt'). Je leert vervolgens te zien welke rol je zelf in de vaak teleurstellende contacten hebt en hoe je jezelf zover kunt krijgen dat je beter in staat bent tot bevredigende, wederkerige contacten te komen. Het uiteindelijke doel van de SA is dat je zelfstandig deze probleemgerichte techniek toe leert passen, zodat je na afloop van de therapie in moeilijke situaties weet wat je moet doen.

We zetten de voordelen van het doen van een SA op een rij:
1. Door het doen van een SA richt je je aandacht op een specifiek probleem.
   Resultaat: Je denken in globale termen wordt tegengegaan en vervangen door een meer gerichte manier van denken.
2. De SA leert je de effecten (gevolgen) te zien die jouw gedrag op andere mensen heeft.
   Resultaat: Je 'het-maakt-niet-uit-wat-ik-doe'-denken wordt aangepakt.
3. Een SA laat je zien dat je in verbinding staat met de mensen in je omgeving.
   Resultaat: Je leert dat je gedrag consequenties heeft en het geeft je een gevoel van kracht (*empowerment*).
4. Door een SA wordt duidelijk hoe je je gedraagt in probleemsituaties met anderen.
   Resultaat: Als je weet hoe je je gedraagt, kun je vervolgens kijken hoe je je gedrag wilt veranderen.
5. Door het steeds opnieuw toepassen van SA's leer je een doelgericht denker te worden.
   Resultaat: Je leert na te denken over doelen *aan het begin* van contact met anderen en niet pas *achteraf*.

4.2
Stap voor stap

De therapeut zal je vanaf sessie 3 vragen om elke sessie een recente situatie in te brengen waarin een contact met iemand anders heeft plaatsgevonden, die je hebt ingevuld op het SA-formulier. De SA bestaat uit een aantal vaste stappen die je moet doorlopen. Bij stap 1 word je gevraagd om de situatie zo specifiek mogelijk te beschrijven (wanneer was het, wat zei jij, wat zei de ander en hoe eindigde de situatie). Bij stap 2 word je gevraagd je interpretaties van de situatie te geven (wat dacht je?). Bij stap 3 moet je je gedrag beschrijven (wat deed je en hoe deed je dat?). Bij stap 4 word je gevraagd het feitelijke resultaat te beschrijven (hoe pakte de situatie uit?). Bij stap 5 word je gevraagd na te denken over hoe je had gewild dat de situatie was uitgepakt (gewenst resultaat). Tot slot word je gevraagd of je hebt gekregen wat je wilde in de situatie ('ja' of 'nee').

Tijdens de sessie leer je hoe je het formulier moet invullen. Dit kan in het begin lastig zijn. Vervolgens ga je samen met de therapeut het tweede gedeelte van het SA-formulier invullen, de herstelfase van de SA. Je loopt dan samen de interpretaties langs uit stap 2. Zijn de interpretaties specifiek of globaal? Beschrijven ze wat er gebeurde in de situatie? En helpen ze je om het gewenste resultaat te behalen? Zo niet, dan ga je samen met de therapeut bedenken wat je beter tegen jezelf had kunnen zeggen om het gewenste resultaat te bereiken. Dit laatste wordt ook wel een actie-interpretatie genoemd. Wat moet ik tegen mezelf zeggen om in actie te komen? Bijvoorbeeld als je moeite hebt om tegen iemand te zeggen: "Ik vind het niet prettig als je zo over mijn buurvrouw spreekt. Ik voel me daar ongemakkelijk bij", dan kun je jezelf aanmoedigen door tegen jezelf te zeggen: "Ik mag zeggen wat ik vind" of "Ik heb het recht om mijn mening te uiten". Vervolgens vraag je jezelf dan af: en stel dat ik dat tegen mezelf gezegd had, wat had ik dan gedaan? (Dan had ik gezegd dat ik het niet prettig vind als je zo over mijn buurvrouw spreekt. Dat ik me daar ongemakkelijk bij voel.) En had je dan gekregen wat je wilde? Tot slot ga je na wat je hebt geleerd van deze SA en of je het geleerde ook op andere situaties kunt toepassen.

4.3
Voorbeelden van SA's

We bespreken twee voorbeelden om te laten zien hoe de techniek van de SA het denken in globale termen en de 'het-maakt-niet-uit-wat-ik-doe'-benadering corrigeert. Het eerste voorbeeld is van Maria (zie ook haar SA hierna in dit hoofdstuk).

Maria

Maria vindt het moeilijk om een probleem te beschrijven en ziet niet hoe het bespreken van één probleem tegelijk ertoe kan leiden dat zij zich beter voelt. Maria beschrijft haar problemen als volgt:

> "Mensen houden gewoon geen rekening met me, ik voel me vaak gebruikt door anderen – ze profiteren van me."

Haar therapeut vraagt haar *wanneer* de laatste keer was dat ze het gevoel had dat iemand geen rekening met haar hield of haar op de een of andere manier gebruikte. Maria's antwoord wordt het startpunt van het doen van haar eerste SA. De therapeut plaatst Maria's algemene klacht in een *tijdspanne*: dat wil zeggen dat de therapeut haar vraagt om een tijd en plaats te noemen waarop de klacht zich voordeed. Op die manier kunnen ze samen de aard van het probleem nader onderzoeken.

SITUATIE-ANALYSE (SA): VANAF SESSIE 3

Maria:	Het was afgelopen dinsdagmiddag om twaalf uur, toen ik mijn zoontje Boris eten probeerde te geven. Hij zat in z'n kinderstoel in de keuken.
Therapeut:	Laten we een SA maken van die situatie. Ik wil dat je allereerst de situatie voor me beschrijft. *Wat gebeurde er precies?*

De beschrijving van de situatie is de eerste stap bij SA. De beschrijving moet een beginpunt in de tijd hebben, een eindpunt, en ertussenin een verhaal.

Beginfase van de SA van Maria

Stap 1: Het beschrijven van de situatie

Maria:	Boris zat in z'n kinderstoel en ik gaf hem z'n middageten. De bel ging. Ik onderbrak waar ik mee bezig was, liet Boris in de kinderstoel achter en ging naar de voordeur. Het was de buurvrouw, die brutaal is en opdringerig. Ze wilde een kopje suiker voor een taart die ze aan het bakken was. Ik zei dat het niet zo gelegen kwam en vroeg of ze later wilde terugkomen. Ik deed toch de deur open en liet haar binnen. Ze mompelde dat het niet lang zou duren en vroeg me waar de suiker stond. Ik wees haar de suikerpot op het buffet en ging terug naar Boris. Zij pakte de suiker en ging weg. Inmiddels was Boris afgeleid en wilde niet meer eten. Ik was gefrustreerd, kwaad en werd toen depressief en dacht bij mezelf: Ik ben er weer ingeluisd.
Therapeut:	Je hebt een goede beschrijving gegeven. Met een duidelijk begin, een helder verhaal en een duidelijk eindpunt. Laten we eens kijken wat je zelf hebt bijgedragen aan de manier waarop de situatie heeft uitgepakt. De tweede stap bij SA gaat over je *interpretatie* van de situatie, dat wil zeggen je idee van wat er is gebeurd tijdens dit contact. Kun je mij in een aantal zinnen uitleggen *wat deze situatie voor je betekent?*

Stap 2: Interpreteren van de situatie

Maria (nadat ze minutenlang heeft nagedacht):	1. Ik moet opendoen als de bel gaat. 2. Mensen houden geen rekening met me. 3. Ik heb geen controle over mijn leven.

Let op de globale manier waarop Maria haar laatste twee zinnen formuleert en ook het hoge 'het maakt niet uit wat ik doe' gehalte ervan.

Stap 3: Beschrijven van het gedrag in de situatie

Therapeut:	Je hebt drie interpretaties gegeven van wat er gebeurde. De volgende stap bij de SA is om te kijken naar wat je deed in de situatie. Probeer antwoord te geven op de volgende vraag: *Wat deed je feitelijk in de situatie? Oftewel, hoe gedroeg je je?*
Maria:	Nou, ik ging naar de voordeur om te kijken wie er was. Ik hield de deur zelfs open nadat ik de buurvrouw had verteld dat het niet goed uitkwam en dat ze later maar moest terugkomen. Ik wees haar de suikerpot en ging daarna weer verder met het eten geven aan Boris, wat toen dus niet meer lukte.

Stap 4: Het feitelijke resultaat aangeven

Therapeut:	Nu zien we dus hoe jij de situatie 'leest', wij noemen dit ook wel 'je interpretaties', en wat je deed gedurende het voorval, oftewel je gedrag. De volgende stap bij de SA is te kijken hoe de situatie voor je uitpakte. Dit noemen we het 'feitelijke resultaat'. *Hoe pakte het voorval voor je uit?*
Maria:	Het middageten van Boris werd onderbroken toen de buurvrouw binnen kwam en de suiker pakte. Hij was daarna afgeleid en wilde niet meer eten. Ik heb mijn buurvrouw teveel ruimte gegeven.

Stap 5: Het gewenste resultaat aangeven

Therapeut:	Ik heb nu een goed beeld. De volgende vraag is belangrijk, in de zin dat het iets betreft wat niet is gebeurd, maar wat had kunnen gebeuren, onder andere omstandigheden. *Hoe had jij gewild dat de situatie zou uitpakken voor je?* Dit noemen we het 'gewenste resultaat'.
Maria:	Ik had gewild dat ik duidelijker gezegd had dat het moment niet geschikt was en dat ik haar niet binnen had gelaten.

Stap 6: Het feitelijke resultaat vergelijken met het gewenste resultaat

Therapeut:	Kreeg je wat je wilde in deze situatie? Oftewel, was het feitelijke resultaat gelijk aan het gewenste resultaat?
Maria:	Nee! Absoluut niet! (Maria wordt gefrustreerd en boos)
Therapeut:	Waarom kreeg je niet wat je wilde?
Maria:	Omdat niks gunstig voor mij uitpakt, daarom! Mensen maken misbruik van me omdat ik een watje ben. Wat ik wil, maakt toch niet uit en ik kan zo ook geen goede moeder zijn. Mijn hele dag was verpest!

Snap je waarom Maria niet het gewenste resultaat bereikt in deze situatie? Zoals Maria de situatie interpreteert – door middel van het denken in globale termen en de 'het-maak-niet-uit-wat-ik-doe'-houding – en hoe ze zich gedraagt bij de deur als ze praat met de buurvrouw – 'nee' zeggen, maar vervolgens de deur voor haar openhouden – heeft directe invloed op de manier waarop de situatie eindigt. Natuurlijk is het voor een buitenstaander makkelijk te zien wat er had moeten gebeuren. Als je er middenin zit, is dat veel moeilijker. Maria betaalde een hoge prijs voor haar gedrag in die situatie. Namelijk haar frustratie, woede en een verpeste dag.

Dergelijke problemen zien er anders uit onder de SA-microscoop. Eerst lijken ze moeilijk en onoplosbaar. Toch zijn deze problemen meestal op te lossen. We helpen je ze op te lossen gedurende de herstelfase van SA, waarin de therapeut en de cliënt systematisch concrete problemen aanpakken, zodat het gewenste resultaat wordt bereikt.

Herstelfase van de SA van Maria

Nadat Maria's therapeut de herstelprocedure aan haar heeft uitgelegd, worden haar interpretaties onderzocht om te bepalen: 1) of ze globaal zijn of specifiek voor de situatie, 2) om te kijken of elke interpretatie goed beschrijft wat er gebeurde tussen Maria en haar buurvrouw en niet in de 'het-maakt-niet-uit-wat-ik-doe'-categorie valt en 3) om te bekijken in welke mate elke interpretatie heeft bijgedragen tot het bereiken van Maria's gewenste resultaat.

Situatie-analyse

Naam: Maria

Datum situatie: 14-06-2015

Instructies: Kies één problematische situatie die je hebt meegemaakt de afgelopen week en beschrijf deze met behulp van het onderstaande formulier. Probeer alle delen van het formulier in te vullen. Tijdens de volgende sessie loop je samen met je therapeut deze situatie-analyse door.

Stap 1: Situatie
Beschrijf de situatie zo kort, bondig en objectief mogelijk met een duidelijk begin- en eindpunt.

> Ik gaf Boris middageten. Bel ging. Onderbrak de maaltijd, liet Boris in kinderstoel. Buurvrouw wilde kopje suiker lenen. Zei haar dat het niet goed uitkwam. Ze stond erop. Ik vroeg haar later terug te komen. Ik deed de deur open, stapte naar achteren en zij kwam binnen. Ze ging de keuken in en pakte een kopje suiker. Toen ging ze weg. Ik ging weer verder met Boris eten geven, die inmiddels was afgeleid en niet meer wilde eten.

Stap 2: Geef je interpretatie van wat er gebeurde
Wat dacht je tijdens de situatie?

> 1. Ik wil graag opendoen als de bel gaat.
>
> 2. Mensen houden geen rekening met mij.
>
> 3. Ik heb mijn leven niet in de hand.

Stap 3: Gedrag
Beschrijf wat je deed in die situatie (wat je zei en hoe je het zei).

> Ging naar de voordeur. Zei haar dat het niet gelegen kwam. Vroeg haar later terug te komen. Hield voordeur open en liet buurvrouw binnen. Wees haar de suikerpot. Ging weer verder met Boris eten geven, die inmiddels was afgeleid en niet meer wilde eten.

Stap 4: Feitelijke resultaat
Beschrijf hoe de situatie voor je uitpakte.

> Het middageten van Boris werd verstoord doordat de buurvrouw binnenkwam.

Stap 5: Gewenste resultaat
Beschrijf hoe je wilde dat de situatie uitpakte.

> Wilde dat buurvrouw op een beter moment zou terugkomen.

Stap 6: Werd het gewenste resultaat bereikt? JA _ NEE X

Stap 1: Herziening van de interpretaties

Therapeut:	Maria, laten we elke interpretatie eens bekijken. Ik stel er een aantal vragen over. Allereerst, is de interpretatie specifiek voor de situatie? Ten tweede, beschrijft de situatie accuraat wat er gebeurde tussen jou en de buurvrouw? En ten derde, hoe draagt jouw interpretatie bij tot het bereiken van hetgeen je wilde in de situatie, dat wil zeggen het gewenste resultaat? Als de interpretatie onvoldoende specifiek is of niet goed beschrijft wat er gebeurde, dan moeten we *de interpretatie herzien*, zodat die aan die criteria voldoet. Interpretaties kunnen alleen bijdragen aan het door jou gewenste resultaat als ze specifiek en accuraat zijn. We bekijken nu je eerste interpretatie: 'Als de bel gaat, ga ik naar de deur.' Is deze interpretatie specifiek en accuraat? En droeg hij ertoe bij dat je kreeg wat je wilde in die situatie?
Maria	Nou, het is wat ik vind, maar nee, hij draagt er niet toe bij dat ik krijg wat ik wil.
Therapeut:	Ja, het is wat je vindt, en het is duidelijk specifiek voor het begin van de gebeurtenis en beschrijft goed wat je wilt doen als de bel gaat. Het draagt in dit geval niet bij aan het gewenste resultaat, maar je weet in elk geval waar je bent als de gebeurtenis begint. En de tweede interpretatie: 'Mensen houden geen rekening met me'? Is deze interpretatie specifiek en accuraat, en draagt die bij tot het verkrijgen van het gewenste resultaat?
Maria	Nee. Het heeft echt niets te maken met wat er feitelijk gebeurt. Dat denk ik gewoon over mensen in het algemeen.
Therapeut:	Dus met het denken in globale termen over mensen in het algemeen schiet je hier niets op. De interpretatie draagt niet bij aan het verkrijgen van het gewenste resultaat. We moeten die herzien, zodat de interpretatie je helpt en je niet hindert bij het bereiken van je doel. Kun je een specifieke en accurate interpretatie bedenken die wel beschrijft wat er feitelijk aan de hand was?
Maria	Ik wil niet gestoord worden tijdens de maaltijd van mijn zoontje.
Therapeut:	Drukt die zin uit hoe je je voelde? Zo ja, dan is hij specifiek en accuraat en kunnen we die interpretatie nemen in plaats van de 'mensen-in-het-algemeen'-interpretatie.
Maria	Zo voel ik het als ik op de situatie terugkijk.
Therapeut:	Kijk eens naar je laatste interpretatie: 'Ik heb geen controle over mijn leven'. Is deze zin specifiek en accuraat, en draagt hij bij aan het verkrijgen van het gewenste resultaat?
Maria:	Het is net als bij mijn tweede interpretatie. Ik schiet er niks mee op en hij is erg algemeen.
Therapeut:	Precies! Hij is niet specifiek voor de situatie en ook niet accuraat. Ik zal het soort interpretatie beschrijven die je nodig hebt in deze en andere situaties die je tegenkomt. Ik noem het een *actie-interpretatie*. Actie-interpretaties geven suggesties over wat je moet doen of welk assertief gedrag je moet toepassen om het gewenste resultaat te bereiken. Ze raken het probleem in de kern en helpen vaak het probleem op te lossen. Stel dat je derde interpretatie een actieve was geweest, zoals deze: 'Ik heb alle recht om tegen mijn buurvrouw te zeggen dat ze later terug moet komen, omdat ik mijn zoontje net te eten geef. Ze kan best op een ander moment terugkomen.' Zou die interpretatie eraan bijdragen dat je zou krijgen wat je wilde – namelijk dat de buurvrouw later terug zou komen?
Maria:	Het zou kunnen werken als ik de situatie zo had kunnen interpreteren. Maar ik heb er moeite mee om voor mezelf op te komen.

Stap 2: Herzien van het gedrag in de situatie

Therapeut:	Je hoeft nu nog niet meteen voor jezelf op te komen. Ik probeer je eerst te laten zien dat jouw interpretaties een rol spelen bij het succesvol hanteren van situaties. Kijk eens naar je eerste interpretatie en de twee herziene interpretaties. Wat zou je hebben gedaan als je de situatie had geïnterpreteerd met de herziene interpretaties, inclusief de actie-interpretatie?
Maria:	Ik zou haar hebben gezegd dat ze terug moest komen als ik klaar was met Boris, en ik zou de deur niet hebben opengehouden voor haar.
Therapeut:	Als je de situatie zo geïnterpreteerd had en je gedragen had op de manier die je net beschreef, had je dan gekregen wat je wilde?
Maria:	Ja! Ik begrijp waar je heen wilt! Ik moet de manier waarop ik met anderen omga veranderen om te krijgen wat ik wil.
Therapeut:	Juist.

In de herstelfase zijn verschillende dingen gedaan: Allereerst moesten Maria's tweede en derde interpretatie worden 'herzien' en gereconstrueerd voordat zij haar doel zou kunnen bereiken. Maria's interpretatie van de situatie had directe invloed op haar gedrag dat het haar, vóór het herzien van de interpretaties, onmogelijk maakte het gewenste resultaat te bereiken.

Maria richtte haar energie niet op het specifieke probleem, maar op 'mensen in het algemeen' of op een 'leven dat je niet onder controle hebt'. Als haar aandacht is gericht op het specifieke voorval, kan ze positieve actie ondernemen. Dat brengt ons bij de tweede verandering in de SA die moest worden aangebracht om het gewenste resultaat te bereiken: *Maria's gedrag*. Er was wat tijd en oefening voor nodig om Maria's passieve gedrag te veranderen in assertief gedrag, maar het lukte wel. Nu begreep ze immers dat ze zonder assertief gedrag vaak niet het gewenste resultaat kon bereiken. Je denkt misschien dat assertiviteit prima is, maar dat het je nooit zou lukken om dergelijke dingen tegen een buurvrouw te zeggen (en zeker niet tegen een brutale en opdringerige buurvrouw). Zoals we al zagen, was dat ook Maria's reactie toen de therapeut haar SA corrigeerde. Dit zei de therapeut tegen Maria:

> "Het is goed, Maria, dat hoeft ook niet. Maar als je zover bent dat je
> een dergelijk probleem wilt oplossen, weet je wat er moet gebeuren.
> Neem er de tijd voor. Je komt er wel."

In het geval van Maria duurde het meer dan twintig sessies voordat de veranderingen echt doorzetten. Uiteindelijk is Maria beter in staat anderen te laten weten wat ze wel en niet wil. Ook heeft ze niet langer het idee dat anderen geen rekening met haar houden, en voelt ze zich ook niet meer zo snel gebruikt door anderen. Ze leerde niet langer genoegen te nemen met de 'verliezersrol'. Ook heeft ze veel minder vaak last van de oude gevoelens van hulpeloosheid en hopeloosheid.

René

Als René over zijn problemen praat, beschrijft hij ze in globale termen. Hij zegt bijvoorbeeld het volgende:

> "Ik faal toch altijd, hoezeer ik ook mijn best doe."
> "Ik ben altijd incompetent, want ik doe nooit iets goed."

René's therapeut was verbaasd over deze uitspraken, gezien zijn positieve werkresultaten, een recente promotie en consequent positieve feedback van zijn baas. René bracht een ingevulde SA mee (zie hierna in dit hoofdstuk) naar zijn twaalfde sessie, waarin hij voor het eerst zijn gewenste resultaat bereikte. Aan het eind van het hoofdstuk is een leeg SA-formulier opgenomen.

Beginfase van de SA van René

Stap 1: Het beschrijven van de situatie

Therapeut:	Vertel me wat er gebeurde.
René	Nou, het had te maken met de tijd van onze afspraak vandaag. Vorige week verschoven we onze reguliere afspraak naar dit tijdstip. Ik was vergeten dat ik mijn vrouw had toegezegd dat ik vandaag thuis zou zijn om de kinderen uit school op te vangen. Het beginpunt van de situatie was gisteravond. Petra en ik hadden het over onze afspraken, en ik zei dat ik om 15.00 uur een afspraak had met jou. Ze herinnerde me eraan dat ik had gezegd dat ik om half vier thuis zou zijn om de kinderen op te vangen als ze om vier uur uit school zouden komen. Ik zei haar dat ik onze afspraak niet wilde verzetten, dat het me speet dat ik het was vergeten, maar dat we iets anders moesten regelen. Ze werd woedend. Ze zei me dat ik me nooit aan mijn woord hield, dat ik een mislukkeling was en dat ik me niet aan mijn deel van de huishoudelijke verplichtingen hield. Ik voelde me afschuwelijk en begon me echt schuldig te voelen. Ze bleef er maar over doorgaan. Ik zei weer dat ik mijn afspraak niet ging verzetten, maar dat ik een oppas zou regelen voor half vier. Ze sprong op en stormde naar de slaapkamer. Ik belde de oppas en regelde dat zij er om half vier zou zijn. Toen ging ik naar bed.

Stap 2: Het interpreteren van de situatie

Therapeut:	Dit is een goede situatie om te analyseren, je hebt duidelijk beschreven wat er aan de hand was. De volgende stap in de SA is: Nagaan hoe jij hetgeen er gebeurde hebt geïnterpreteerd. Dat wil zeggen, wat betekende de gebeurtenis voor je?
René:	*(terwijl hij kijkt naar de interpretaties die hij heeft opgeschreven)* Ik was onze afspraak en mijn belofte om thuis te zijn helemaal vergeten. Ik wilde de afspraak met jou niet afzeggen. Petra vindt me een mislukkeling. Ik moest een oppas regelen voor 15.30 uur.

Stap 3: Het beschrijven van het gedrag in de situatie

Therapeut:	We hebben vier interpretaties om mee te werken. Vertel me nu eens wat je in die situatie deed. Ik bedoel, hoe gedroeg je je tegenover Petra tijdens het voorval?
René:	Ik heb vast heel verbaasd gekeken. Ik kon niet geloven dat ik onze afspraak had vergeten. Ik luisterde heel lang naar Petra en zei toen tegen haar: "Ik vind het echt heel vervelend allemaal, maar ik zeg die afspraak niet af." Volgens mij zei ik dat vrij zakelijk. Dat maakte haar nog kwader, maar ik bleef bij mijn standpunt. Uiteindelijk zei ik tegen Petra dat ik een oppas zou regelen, wat ik ook deed. Ik geloof dat ik de hele tijd rustig bleef praten, maar ik voelde me afschuwelijk en heel schuldig.
Therapeut:	Dus je verloor je geduld niet, je verontschuldigde je en je zei tegen Petra dat je een oppas zou regelen om de kinderen op te vangen als ze van school kwamen?
René:	Ja.

Stap 4: Het feitelijke resultaat

Therapeut:	Hoe pakte de gebeurtenis voor je uit? Wat was het feitelijke resultaat?
René:	We kregen ruzie en ik voelde me vreselijk. Maar het resulteerde erin dat ik een oppas regelde voor half vier.

Stap 5: Het gewenste resultaat

Therapeut:	Hoe wilde je dat de situatie uitpakte? Wat was het gewenste resultaat?
René:	Mijn fout herstellen door me ervoor te verontschuldigingen en zelf een oplossing te regelen.

Stap 6: Het feitelijke resultaat vergelijken met het gewenste resultaat

Therapeut:	Heb je gekregen wat je wilde? Dat wil zeggen, kwam het gewenste resultaat overeen met het feitelijke resultaat?
René:	Ja.
Therapeut:	Waarom pakte het uit zoals jij wilde?
René:	Omdat ik bij de les bleef. Ik herinnerde me hoe wij het hadden gehad over de 'globale' en de 'het-maakt-niet-uit-wat-ik-doe'-manieren waarop ik normaal gesproken met problemen omga. Ik wilde in deze situatie nu eens bij de les blijven.
Therapeut:	Goed gedaan. En volgens mij ook heel anders dan dat je 'normaal' gesproken zou reageren.
René:	Weet je, ik ben nog steeds verbaasd als je me zegt dat ik het goed heb gedaan. Ik verwacht nog steeds dat je tegen me uitvaart en me zegt dat ik het fout heb aangepakt en dat ik incompetent ben.

Dit is een moeilijke situatie: ook al verkreeg René het gewenste resultaat, het conflict met Petra moet nog opgelost worden. Het is van belang dat de therapeut ook bij de les blijft en zich beperkt tot René's succes wat betreft dit specifieke probleem en niet snel moet proberen het conflict tussen René en Petra op te lossen. *Vergeet niet, je kunt slechts één probleem tegelijk aanpakken!* René heeft het goed gedaan en heeft in de therapie een aantal dingen geleerd over het oplossen van problemen. Zijn prognose is positief, als je bekijkt hoe hij wat hij in de therapie leert, toepast bij zijn alledaagse problemen. Hij kan deze pas geleerde vaardigheden ook gebruiken wanneer Petra en hij eraan toe zijn om hun misverstand te bespreken. Als je eenmaal een effectieve manier hebt gevonden om problemen op te lossen, kun je die methode overal toepassen.

Situatie-analyse

Naam: René

Datum situatie: 10-07-2015

Instructies: Kies één problematische situatie die je hebt meegemaakt de afgelopen week en beschrijf deze met behulp van het onderstaande formulier. Probeer alle delen van het formulier in te vullen. Tijdens de volgende sessie loop je samen met je therapeut deze situatie-analyse door.

Stap 1: Situatie
Beschrijf de situatie zo kort, bondig en objectief mogelijk met een duidelijk begin- en eindpunt.

> Ik zei tegen mijn vrouw dat ik een afspraak voor therapie morgenmiddag had gemaakt. Dit bleek op hetzelfde tijdstip te zijn waarop ik thuis moest zijn om de kinderen uit school op te vangen. Ze wees me op mijn fout en werd kwaad. Ik zei dat ik onze afspraak niet ging verzetten, dat het me spijt dat ik het vergeten was, maar dat ik iets anders zou moeten regelen. Ze legde de verantwoordelijkheid bij mij en noemde me een mislukkeling. Ik voelde me schuldig, maar zei dat ik voor een oppas zou zorgen. En dat deed ik.

Stap 2: Geef je interpretatie van wat er gebeurde
Wat dacht je tijdens de situatie?

> 1. Ik vergat dat ik een afspraak met jou had en ook beloofd had thuis te zijn.
>
> 2. Ik zeg mijn afspraak met de therapeut niet af.
>
> 3. Petra vindt me een mislukkeling.
>
> 4. Ik moet een oppas regelen voor halfvier 's middags.

Stap 3: Gedrag
Beschrijf wat je deed in die situatie (wat je zei en hoe je het zei).

> Ik luisterde naar Petra. Zei dat ik spijt had, maar dat ik de afspraak niet zou verzetten. Ze zei me dat ik nooit mijn deel van de zorg voor het gezin op me nam. Ik zei op zakelijke manier dat ik een oppas zou regelen. Dat deed ik.

Stap 4: Feitelijke resultaat
Beschrijf hoe de situatie voor je uitpakte.

> Mijn fout herstellen door me ervoor te verontschuldigingen en zelf een oplossing te regelen.

Stap 5: Gewenste resultaat
Beschrijf hoe je wilde dat de situatie uitpakte.

> Mijn fout herstellen door me ervoor te verontschuldigingen en zelf een oplossing te regelen.

Stap 6: Werd het gewenste resultaat bereikt? JA X NEE _

Herstelfase van SA

Wanneer je het gewenste resultaat hebt weten te behalen, doorloop je samen met de therapeut de herstelfase om nog eens extra te benadrukken en te versterken wat je hebt gedacht en gedaan om het gewenste gedrag te bereiken.

Stap 1: Het benadrukken van de succesvolle interpretaties

Therapeut:	We gaan even terug naar je interpretaties en bekijken hoe ze je geholpen hebben om het gewenste resultaat te bereiken. Was je eerste interpretatie ['Ik was onze afspraak en mijn belofte om thuis te zijn helemaal vergeten'] specifiek en accuraat?
René:	Ja. Het was de waarheid, ik was het helemaal vergeten.
Therapeut:	En hoe zit het met de tweede interpretatie? ['Ik zeg mijn afspraak met jou niet af.']
René:	Die was ook specifiek en accuraat.
Therapeut:	Was de derde interpretatie ['Petra vindt me een mislukkeling'] specifiek en accuraat?
René:	Ja, dat zei ze tegen me, en daardoor voelde ik me rot en schuldig.
Therapeut:	En de vierde interpretatie? ['Ik moet een oppas regelen voor halfvier']
René:	Ik moest denken aan actie-interpretaties en heb er hier een gebruikt: 'ik kan mijn fout herstellen'. Het werkte omdat het me dwong actie te ondernemen en een oppas te regelen.
Therapeut:	Nog één vraag. Hoe droegen deze interpretaties eraan bij dat je kreeg wat je wilde in deze specifieke situatie?
René:	Het eerste waaraan ik denk, is dat het me bij de les hield in de situatie. Ik bleef zogezegd 'naar de bal kijken'. Ik liet me niet verleiden om zijpaden te nemen die me van het specifieke probleem hadden afgeleid.

Stap 2: Het benadrukken van het assertieve gedrag

Therapeut:	Tot welke acties leidden je interpretaties?
René:	Zoals ik al zei, ze zetten me ertoe aan om het probleem zo goed mogelijk op te lossen en om Petra te zeggen wat ik ging doen. Dat vond zij niet leuk, maar ze wist in elk geval wat er zou gebeuren.

4.4 Conclusie

René's succesvolle SA verschilt erg van die van Maria. In Maria's geval kwam het feitelijke resultaat niet overeen met het gewenste resultaat, waarna de therapeut haar hielp om de interpretaties die de problemen hadden veroorzaakt te corrigeren. Dat was bij René niet nodig. Hij had bereikt wat hij wilde, omdat zijn interpretaties specifiek waren en zijn gedrag taakgericht (het regelen van een oppas). René heeft zijn denken in globale termen en zijn 'het-maakt-niet-uit-wat-ik-doe'-reacties aangepakt. Het lukt hem nu om de probleemgerichte strategieën toe te passen.

Het invullen van een SA-formulier gaat niet vanzelf. Het is tijdrovend en je moet het leren. René kon het zelfstandig doen door wat hij tijdens de eerdere therapiesessies had geleerd. Hij bracht elke week een ingevuld SA-formulier mee naar de therapie. Eerst vond hij het nog lastig: hij maakte globale interpretaties van de situatie en zijn gedrag leidde er niet toe dat hij bereikte wat hij wilde. Maar zijn SA's tijdens de therapie verbeterden zodanig dat hij niet langer herstelhulp van zijn CBASP-therapeut nodig had, René was inmiddels in staat zijn interpretaties en gedrag te corrigeren als dat nodig was.

Ons doel bij de SA voor jou is hetzelfde. We willen dat je leert je eigen gedrag onder de loep te nemen en indien nodig te corrigeren, net zolang tot je hierbij geen hulp meer nodig hebt – dan help je jezelf. Heb je het uitvoeren van SA's eenmaal goed onder de knie, dan kun je je problemen één voor één gaan aanpakken. Dan blijf je gefocust doordat je een situatie specifiek benadert en dan gedraag je je zodanig dat je bereikt wat je wilt. Ook in voor jou lastige situaties zul je een SA kunnen gebruiken om uit te zoeken waarom de situatie niet goed uitpakte. Liep het fout door iets wat je deed of niet deed, of kon je er echt niets aan doen en kwam het door iemand anders?

Situatie-analyse

Naam: _____

Datum situatie: _____

Instructies: Kies één problematische situatie die je hebt meegemaakt de afgelopen week en beschrijf deze met behulp van het onderstaande formulier. Probeer alle delen van het formulier in te vullen. Tijdens de volgende sessie loop je samen met je therapeut deze situatie-analyse door.

Stap 1: Situatie
Beschrijf de situatie zo kort, bondig en objectief mogelijk met een duidelijk begin- en eindpunt.

Stap 2: Geef je interpretatie van wat er gebeurde
Wat dacht je tijdens de situatie?

1.

2.

3.

Stap 3: Gedrag
Beschrijf wat je deed in die situatie (wat je zei en hoe je het zei).

Stap 4: Feitelijke resultaat
Beschrijf hoe de situatie voor je uitpakte.

Stap 5: Gewenste resultaat
Beschrijf hoe je wilde dat de situatie uitpakte.

Stap 6: Werd het gewenste resultaat bereikt?   JA _   NEE _

Herstelfase

Stap 1: Ga de interpretaties langs en vraag per interpretatie: is deze interpretatie specifiek of globaal, is hij toegespitst op de situatie die zich voordeed en heeft deze interpretatie geholpen om het gewenste resultaat te krijgen?

1.

2.

3.

Stap 2: Actie-interpretatie
Wat had je tegen jezelf kunnen zeggen, waardoor je beter in staat was geweest het gewenste resultaat te bereiken? (b.v. iets dat je tegen jezelf zegt dat je aanzet om in actie te komen om iets te zeggen of te doen)

Als je dat tegen jezelf had gezegd, wat had je dan gedaan?

Als je dat gedacht en gedaan had, wat was dan het resultaat geweest?

Had je dan gekregen wat je wilde? JA _ NEE _

Stap 3: Samenvatting van het geleerde
Wat heb je geleerd van deze situatie?

Stap 4: Generalisatie
Kun je een andere situatie bedenken die hierop lijkt en waarop hetgeen je geleerd hebt van toepassing zou kunnen zijn?

5 Interpersoonlijk onderscheid maken (IOM): vanaf sessie 3

5.1 Inleiding

In dit hoofdstuk introduceren we de CBASP-techniek Interpersoonlijk Onderscheid Maken (IOM). Anders gezegd, het leren onderscheid maken tussen verschillende mensen, hoe ze zijn en reageren. Deze techniek borduurt voort op wat je tijdens de tweede sessie met je therapeut besproken hebt. Het gaat ook over de belangrijke personen in je leven en de invloed die ze op je hebben gehad.

5.2 De jeugd van chronisch depressieve mensen

Voor iedereen geldt dat je (jeugd)ervaringen de verwachtingen mede bepalen die je van anderen hebt, maar ook die je van de therapie hebt. Het maakt daarbij niet uit of je je gezinsleven als positief, neutraal of negatief beleefd hebt. Veel chronisch depressieve mensen geven aan dat hun jeugdervaringen negatief waren. Ouders, broers en zussen, of andere familieleden waren vaak de oorzaak van veel verdriet, pijn of zelfs ernstig trauma. Mensen die dat meegemaakt hebben, geven aan dat hun emotionele behoefte niet werd gezien of dat er geen aandacht voor was, dat ze verwaarloosd werden of (seksueel) misbruikt, of dat ze bij een ouder of verzorger opgroeiden die hen verbaal mishandelde en vernederde.

5.3 Negatieve verwachtingen

Als je in zo'n negatieve omgeving opgroeit, laat dat onuitwisbare sporen na die direct van invloed zijn op de manier waarop je als volwassene naar jezelf kijkt en naar anderen, en dus ook naar de therapeut. Jeugdtrauma's roepen negatieve verwachtingen op in de therapie: *'Zoals dingen vroeger voor me waren, zullen ze hier ook wel weer zijn'.* Je kunt als persoon wel tegen jezelf zeggen dat die verwachtingen onredelijk zijn, maar gevoelsmatig werkt dit vaak anders. Er is dan soms een diep wantrouwen ontstaan naar anderen, dat niet zo maar even opzijgezet kan worden. Dat kost tijd. De therapeut zal je vertrouwen moeten winnen. Hiervoor kan hij de IOM-oefening gebruiken. In die oefening richt hij zich specifiek op wat er in de relatie tussen jullie gebeurt en zet hij dit vervolgens af tegen hoe het vroeger ging in jouw relatie met de belangrijke personen die je tijdens de sessie hebt besproken. Je zult gaan ervaren dat het contact met de therapeut anders verloopt dan het (negatieve) contact met je belangrijke personen. Je leert hierdoor nieuwe mogelijkheden van contact maken, die je, wanneer je er klaar voor bent, kan gaan toepassen buiten de therapie.

5.4
Een aantal voorbeelden

In de volgende voorbeelden gaan we weer terug naar de ervaringen van Maria en René in de CBASP-therapie, om te kijken hoe de informatie over de belangrijke personen in hun leven gebruikt werd in de IOM-oefening.

Maria

Uit het verhaal van de belangrijke personen uit Maria's leven kan worden afgeleid dat haar mannelijke therapeut de behandeling al begint met een forse achterstand. De betekenisvolle mannen in Maria's leven hebben haar vertrouwen behoorlijk geschaad. Maria's therapeut deed de IOM-oefening na afloop van de SA die Maria had ingebracht (zie hoofdstuk 4).

Therapeut:	Dit was een moeilijke situatie-analyse voor je.
Maria:	Het was vreselijk, maar het is net als alle andere dingen die me overkomen.
Therapeut:	Hoe zou je moeder hebben gereageerd als je naar haar toe was gegaan en haar had gevraagd wat je moest doen in deze situatie?
Maria:	Mijn god! Ze zou me hebben gezegd dat ik moest ophoepelen! Ze zou waarschijnlijk dronken zijn geweest. Ze gaf geen zier om mij of alles wat ik wilde of nodig had. (*Maria raakt geëmotioneerd.*)
Therapeut:	Hoe had je vader gereageerd als je hem advies had gevraagd hoe je met die opdringerige buurvrouw moest omgaan?
Maria:	Hij zou me vierkant uitgelachen hebben. Zou me zeggen wat eten voor hem te maken, of zoiets. Hij vond wat ik deed altijd stom. Als hij dronken was, had hij me misschien geslagen. Ik zou hem nooit zoiets gevraagd hebben.
Therapeut:	Hoe reageerde ik toen je deze situatie aan me vertelde?
Maria:	Jij reageerde in elk geval niet zoals mijn ouders zouden doen.
Therapeut:	Hoe reageerde ik wél op je?
Maria:	Jij luisterde, je hielp me de SA goed te krijgen, en je zei dat ik het kon doen zodra ik er klaar voor was. Er heeft nog nooit iemand zo met me gepraat. (*Maria begint te huilen.*) Jij bent aardig tegen me, ook al ben ik te bang om naar buiten te gaan en dingen in praktijk te brengen. Ik weet echt niet goed hoe ik met iemand moet omgaan die zo aardig is. Het voelt echt vreemd, bijna onnatuurlijk. Alsof ik zoiets eigenlijk niet verdien.
Therapeut:	Het lijkt me dat je iets ervaart met mij wat anders en nieuw voor je is.
Maria:	Ja, het is nieuw en anders. Op een of andere manier ben ik veel minder bang hierdoor.
Therapeut:	Hoe reageerde ik op jou in vergelijking tot hoe je ouders zouden reageren?
Maria:	Jij bent aardig en luistert naar me. Zo waren zij nooit. Jij wilt mij helpen, en dat wilden zij nooit. Jij leek echt betrokken en wilde me helpen bij dit probleem. Ik heb nooit meegemaakt dat iemand me wilde helpen bij mijn problemen. Het is een geheel nieuwe ervaring voor me. Het voelt anders. Het voelt goed, veilig.

René

René had zijn gewenste resultaat bereikt in de situatie-analyse die hij had ingebracht (zie hoofdstuk 4). Maar weet je nog wat hij toen als laatste zei tegen zijn therapeut? Hij zei: "...Het verbaast me nog steeds dat je zegt dat ik het goed heb gedaan. Ik verwacht nog steeds dat je tegen me tekeergaat en me zegt dat ik een fout heb gemaakt en dat ik incompetent ben." De therapeut doet de IOM-oefening.

Therapeut:	Weet je nog wat ik als laatste net tegen je zei bij het afronden van de SA?
René:	Je zei dat ik het goed gedaan had en het verbaast me nog steeds als je dat zegt. Ik verwacht dat je tegen me tekeergaat en me zegt dat ik een fout heb gemaakt en dat ik een sukkel ben.
Therapeut:	Waarom verbaasde het je dat ik zei dat je het goed had gedaan in de situatie en je niet bekritiseerde omdat je een fout had gemaakt?
René:	Dat is wat ik van iedereen verwacht als ik iets doe. In mijn hoofd wordt steeds hetzelfde bandje afgedraaid: Ik heb het verknald. Ik ben een mislukking. Het enige wat ik doe, is fouten maken. Ik ben een sukkel, dat blijft maar in mijn hoofd hangen, vooral als ik onder de mensen ben.
Therapeut:	Hoe had je vader gereageerd als je hem over je succes in deze situatie had verteld?
René:	Hij zou me een 'stomme sukkel' noemen, omdat ik die afspraak met Petra was vergeten. (*René wordt kwaad.*) Hij had wel tien dingen gevonden die ik verkeerd had gedaan. Het zou een nachtmerrie geweest zijn. Ik zou hem nooit zoiets vertellen.
Therapeut:	Hoe reageerde ik op jou?
René:	Ik kon niet geloven wat je zei! Jij gaf me een compliment over de manier waarop ik het probleem aangepakt had. Toen zei je dat je het zelf waarschijnlijk niet zo goed zou hebben aangepakt. Dat heeft nog nooit iemand tegen me gezegd.
Therapeut:	Vergelijk mijn reactie nu eens met de reactie die je van je vader zou verwachten?
René:	Dat is een verschil van dag en nacht.
Therapeut:	Probeer eens wat specifieker te zijn?
René:	Jij was complimenteus, ondersteunend en behulpzaam. Ik krijg het gevoel dat ik je alles kan zeggen zonder dat je me bekritiseert. Daar zal ik wel aan moeten wennen...

5.5
Conclusie

Tijdens je behandeling zal de therapeut regelmatig deze oefening toepassen. Als het goed is, zal er een verschil zijn tussen hoe je therapeut op jou reageert en hoe je belangrijke personen reageerden. Mocht je dit verschil niet opmerken, dan is het goed om dit eerlijk met je therapeut te bespreken. Dit geldt ook als je merkt dat je bepaald gedrag van de therapeut (een blik of een opmerking) negatief interpreteert. Bijvoorbeeld als je therapeut zegt: "Ik wil graag de volgende keer met je gaan evalueren", dat jij dan denkt: "zie je, hij wil van me af". De therapeut denkt hier mogelijk heel anders over en heeft het niet altijd in de gaten dat jij zijn gedrag zo interpreteert. Het is daarom goed om dit soort gedachten met je therapeut te bespreken.

6 Sociale Vaardigheden: vanaf sessie 3

6.1 Inleiding

Het aanleren van sociale vaardigheden kan moeilijk zijn als je een chronische depressie hebt, omdat bij zo'n depressie vaak hoort dat je moeite hebt om voor jezelf op te komen. Het kan ook zijn dat je juist moet leren je woede en vijandigheid in toom te houden om op een effectieve manier te kunnen communiceren. Door middel van rollenspellen kun je oefenen met het toepassen van sociale vaardigheden. Wat zijn sociale vaardigheden? Sociale vaardigheden zijn vaardigheden die nodig zijn bij contacten met andere mensen. Voorbeelden van sociale vaardigheden zijn: luisteren, een gesprek op gang houden, iemand een compliment geven, je mening geven, iets weigeren, voor je belangen opkomen en reageren op kritiek. Assertiviteit is een belangrijke voorwaarde voor het uitvoeren van sociale vaardigheden. Het gaat hierbij om vaardigheden die te maken hebben met het opkomen voor jezelf en je rechten, zonder daarbij de ander onnodig te kwetsen.

6.2 Herkennen van communicatiestijlen

Voor het aanleren van sociale vaardigheden is het belangrijk dat je eerst onderscheid leert maken tussen assertieve, subassertieve en agressieve communicatie. We noemen iemand assertief als hij goed in staat is voor zichzelf op te komen en grenzen aan anderen kan stellen. Een assertieve persoon geeft in duidelijke bewoordingen aan wat hij wil en ondersteunt zijn woorden met een krachtige overtuigende houding. Zo iemand kan goede relaties met anderen onderhouden en zijn persoonlijke doelen bereiken. Als iemand subassertief is, lukt dit minder goed. Hij reageert bijvoorbeeld te voorzichtig met vragende zinnen en een onzekere houding, waarbij hij met een zachte stem spreekt en iemand niet aankijkt. Subassertiviteit houdt ook in dat gedachten, gevoelens en behoeften op een indirecte manier geuit worden, zonder voldoende rekening te houden met jezelf. Te vaak wordt meegegaan in de wensen van anderen, wat uiteindelijk onbevredigend is en kan leiden tot frustratie, woede en ook tot een toename van depressieve klachten. Naast de assertieve en subassertieve manier van communiceren is er ook een agressieve manier van communiceren. Mensen die agressief communiceren lijken wel goed voor zichzelf op te komen, ze uiten zich direct, maar houden daarbij te weinig rekening met anderen. Deze vorm van communiceren leidt net als subassertiviteit meestal niet tot het bereiken van persoonlijke doelen en ook niet tot een goede balans in de relaties met anderen. Daarbij voelen mensen zich achteraf vaak schuldig over het agressieve gedrag of ze schamen zich ervoor. Ook dit komt hun stemming niet ten goede. Passief agressief gedrag, zoals sarcasme, is ook een voorbeeld van agressief communiceren. Het verschil met agressief communiceren is dat mensen die passief agressief communiceren niet op een directe manier hun ongenoegen uiten, maar op een indirecte manier; zij proberen hun boosheid in te houden. Als de therapeut bijvoorbeeld aan hen vraagt of ze thuis met iets willen oefenen, reageren zij met: "Ja hoor dat kan er ook nog wel bij" (waarbij ze zacht praten en geen oogcontact maken).

6.3
Consequenties van communicatiestijlen

Actie is reactie. Dat wil zeggen, bepaald gedrag roept een bepaalde reactie op. Wanneer je bijvoorbeeld erg boos bent op een vriendin, omdat ze de afspraak met jou afzegt, kan het zijn dat je haar eens flink de waarheid wilt zeggen: "Je bent onbetrouwbaar, je houdt je niet aan afspraken, je denkt alleen aan jezelf." Grote kans dat ze dan ook boos op jou wordt en er een ruzie ontstaat. Vaak werkt het zo, dat als je begint met iemand verwijten te maken, die ander zich dan aangevallen voelt en ook boos reageert. Dus een vijandige houding of vijandig gedrag roept bij anderen ook een vijandige houding of vijandig gedrag op. Stel dat je op een rustige toon tegen je vriendin had gezegd: "Ik wil nog terugkomen op vorige week, toen je de afspraak met mij afzegde. Ik heb me daar heel naar over gevoeld, want ik had me er erg op verheugd." Waarschijnlijk zal je vriendin zich dan verontschuldigen en ontstaat er geen ruzie. Een rustige en vriendelijke houding en vriendelijk gedrag roept bij anderen ook een rustige en vriendelijke houding en gedrag op. Tot slot kun je gedrag verdelen in volgzaam versus leidend gedrag. Vaak is het zo dat als iemand zich volgzaam opstelt, de ander de leiding zal nemen. En andersom. Dus als je graag wilt dat iemand naar je luistert, zul je je leidend moeten opstellen. En wil je dat de ander het voortouw neemt, dan zul je je volgzamer moeten opstellen.

De communicatiestijlen kun je in een cirkel weergegeven (figuur 6.1). De verticale as geeft de mate van volgzaam gedrag en leidend gedrag aan. Leidend gedrag is boven, volgzaam gedrag is onder. De horizontale as geeft de mate van vijandigheid en vriendelijkheid weer. Vijandig gedrag is links, vriendelijk gedrag is rechts.

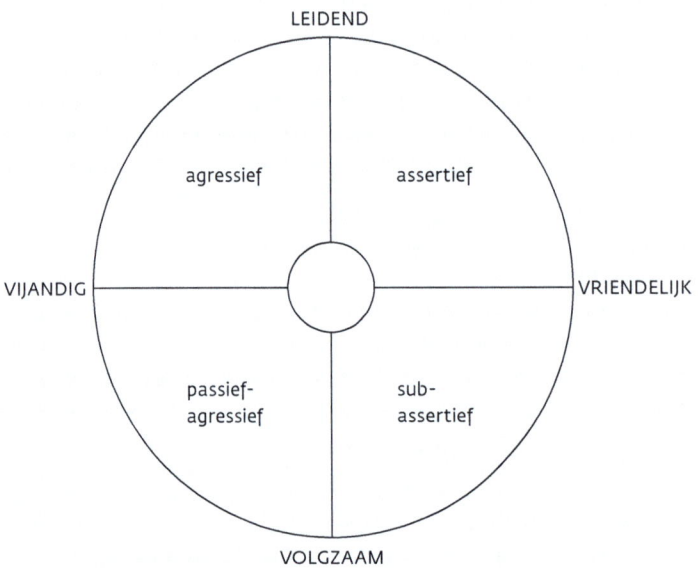

Figuur 6.1. Communicatiestijlen.

Het is goed om je te realiseren dat elk van deze gedragingen niet per definitie goed of fout is. We hebben deze soorten gedragingen allemaal in ons. Elke situatie vraagt om ander gedrag. Het is de kunst om deze gedragingen flexibel toe te kunnen passen. Wil je geen ruzie, dan weet je dat je je boodschap vriendelijk moet brengen. Wil je dat mensen naar je luisteren, dan zul je je leidend moeten opstellen.

6.4
Oefenen met assertief gedrag

In het algemeen is het zo dat als je op een constructieve manier assertief wilt zijn, je begint met het uitdrukken van je gevoel, waarna je dit gevoel nader toelicht op een heldere, directe en eerlijke manier. Je probeert je gedachten, gevoelens en behoeften duidelijk te maken aan de ander, rekening houdend met jezelf en met de ander. Het is daarbij ook van belang dat je je boodschap kracht bijzet door non-verbaal gedrag, zoals goed oogcontact maken, met duidelijk stemvolume spreken en door een open lichaamshouding te hebben. Het uitdrukken van je gevoel kan op verschillende manieren. We noemen dit ook wel de ik-boodschap:

1. Ik vind het fijn ... (compliment maken)
2. Ik vind het vervelend ... (kritiek geven)
3. Ik wil graag ... (een wens te kennen geven)

Je kunt met assertiviteit oefenen door middel van huiswerkopdrachten zoals:

Stap 1: Zeg drie keer per dag: "Ik vind het leuk/prettig/fijn dat je ..." (maak de zin af voor twee verschillende personen).
Stap 2: Zeg drie keer per dag: "Ik vind het niet leuk/prettig/fijn dat je..." (maak de zin af voor twee verschillende personen).
Stap 3: Zeg drie keer per dag: "Ik wil graag ..." (maak de zin af voor twee verschillende personen).

Naast deze oefening kun je met de therapeut op verschillende momenten in de therapie oefenen met sociale vaardigheden, bijvoorbeeld als zich een situatie aandient uit één van je ingebrachte situatie-analyses. Voor een paar voorbeelden gaan we weer terug naar de ervaringen van Els, Maria en René in de CBASP-therapie.

6.5
Een aantal voorbeelden

Casus Els

Therapeut:	We hebben de vorige keer een SA gedaan over je zus Tineke die jou, toen je bij je moeder aankwam, een briefje met boodschappen gaf en zei: "Ik moet weg, dus die moet jij maar doen." Op dat moment durfde je geen nee te zeggen, terwijl je dat wel had willen doen. Vandaag gaan we oefenen hoe je nee zou kunnen gaan zeggen tegen Tineke. Heb je dat ooit wel eens gedaan eigenlijk? Nee-zeggen tegen Tineke?
Els:	Nee, ik ben al overstuur als ik ernaartoe ga en helemaal als ik er ben. Dan durf ik niks meer te zeggen.
Therapeut:	Dat begrijp ik. Daarom gaan we samen voorbeelden bedenken hoe je dat zou kunnen aanpakken. Ik stel voor dit in een rollenspel te doen, waarin jij eerst Tineke speelt en ik speel jou en ga proberen om nee te zeggen. Goed?
Els:	Oké.
Therapeut:	Hoe begint de situatie?
Els:	Ik kom binnen en Tineke zegt op boze toon: "Nou, daar ben je dan, dit is het briefje, je moet nog boodschappen doen."
Therapeut (*speelt Els*):	Boodschappen?
Els (*speelt Tineke*):	Ja, je moet boodschappen doen, want ik heb er geen tijd voor, hier is het briefje.
Therapeut (*speelt Els*):	Ja, moet je eens luisteren Tineke, ik heb net een hele tijd in de auto gezeten en heb zelf een plan wat ik hier ga doen.
Els (*speelt Tineke*):	Nee ik luister niet, jij moet die boodschappen doen, ik ga nu weg.
Therapeut (*speelt Els*):	Sorry Tineke, maar daar kom ik echt niet aan toe. Ik heb veel dingen die ik ga doen vandaag, maar die boodschappen gaan me niet lukken, dus dat moet dan op een ander moment.
Therapeut:	Laten we even stoppen. Wat vond je ervan?
Els:	Ja ik denk, kon ik dat maar. Ja, dat zou ik graag willen leren.
Therapeut:	Zullen we eens kijken wat je tegen Tineke zou kunnen zeggen?
Els:	Ik zou wel tegen haar willen zeggen: "Doe normaal, zeg eerst eens even gedag. Ik doe al zoveel en ik heb net een heel eind gereden."
Therapeut:	Bedoel je zoiets als: "Ik vind het niet prettig dat je meteen met een briefje komt en ik heb geen tijd om de boodschappen te doen?
Els:	Ja, maar dat zou ik nooit durven zeggen.
Therapeut:	Zullen we het gewoon eens proberen?

Els oefent nog een paar keer met het nieuwe gedrag. Ze blijft het lastig vinden om zich anders op te stellen tegenover Tineke. Het is duidelijk te zien dat Els nog zeer angstig is in deze situatie. De therapeut complimenteert haar na elk rollenspel en geeft aan dat ze het pas in de praktijk hoeft te brengen als zij daar klaar voor is.

Casus Maria

Therapeut:	Maria, we hebben de vorige keer een SA gedaan over de buurvrouw die een kopje suiker wilde lenen, terwijl jij op dat moment je zoontje te eten gaf. We zouden vandaag gaan oefenen hoe je op assertieve wijze tegen de buurvrouw zou kunnen zeggen dat ze op een ander moment moet terugkomen omdat het nu niet schikt.
Maria:	Ja, dat zie ik mezelf nog niet zo gauw doen.
Therapeut:	Dat kan ik me voorstellen, het is nieuw gedrag voor je. Daarom gaan we er hier mee oefenen. Wat zou je tegen de buurvrouw kunnen zeggen? Iets waarmee je rekening houdt met je eigen gevoelens en met de gevoelens van de buurvrouw.
Maria: (op bozige toon)	Het schikt nu niet, kom later maar terug.
Therapeut:	Zo houd je inderdaad rekening met je eigen gevoelens, maar houd je zo ook rekening met de gevoelens van de buurvrouw?
Maria:	Nee, dat denk ik niet, die zal dan wel balen, daarom liet ik haar dus toch maar binnen.
Therapeut:	Precies, je zette je eigen gevoelens aan de kant, waardoor je gefrustreerd achterbleef.
Maria:	Ja, maar wat moet ik dan doen?
Therapeut:	Hoe zou het zijn als je tegen de buurvrouw zou zeggen: "Hoi buurvrouw, dat is prima, maar ik ben nu even bezig, kom over een kwartiertje even terug."
Maria:	Ja, dat klinkt wel goed ja.
Therapeut:	Wat is dan het verschil?
Maria:	Je zegt het vriendelijk en duidelijk.
Therapeut:	Ja, dat is het, probeer jij het eens een paar keer. Laten we meteen bij de deur gaan staan, dan kunnen we ook oefenen met het dichtdoen van de deur.

Casus René

Dit is een voorbeeld van René, die aan een collega (Jan) wil vragen een dienst met hem te ruilen. René vindt het erg spannend om dit doen, hij vermijdt dit soort situaties gewoonlijk. Van tevoren bedenken René en de therapeut een aantal gedachten die hem kunnen helpen om het toch te gaan vragen: ik neem ook geregeld een dienst van Jan over, ik heb het recht om dit te vragen, niet meteen afhaken, maar even aanhouden als Jan nee zegt, zodat hij merkt dat het echt belangrijk voor me is.

Therapeut:	Je wilt graag aan je collega Jan vragen of hij jouw dienst van vrijdag kan overnemen. Laten we in een rollenspel gaan oefenen hoe je dat kan gaan vragen.
René	Goed.
Therapeut:	Ik ben Jan en jij vraagt mij om die dienst over te nemen.
Cliënt	Hoi Jan, kan jij vrijdag misschien mijn dienst overnemen?
Therapeut (*speelt Jan*):	Nee, sorry dat gaat me helaas niet lukken.
René	Tja, dat dacht ik al.
Therapeut:	Je zult meer uit de kast moeten halen, denk aan je helpende gedachten: ik neem ook geregeld een dienst van Jan over, ik heb het recht om dit te vragen, niet meteen afhaken, maar even aanhouden als Jan nee zegt, zodat hij merkt dat het echt belangrijk voor me is. Misschien is het ook goed om de reden te zeggen waarom je de dienst van vrijdag niet kan doen?
René	Oké, dus dan zeg ik iets van: "Hoi Jan, mijn dochter zwemt vrijdag af, kan jij mijn dienst van die dag misschien overnemen?"
Therapeut (*speelt Jan*):	Tja, daar kun je moeilijk onderuit, ik denk dat het wel gaat lukken, ik zal het thuis nog even overleggen met mijn vrouw.
Therapeut:	Een hele andere reactie, zoals je ziet. Maar stel nou dat ik (als Jan) toch nee had gezegd wat zou je dan nog kunnen zeggen? Denkende aan je helpende gedachten.
René	Dan zou ik misschien nog even moet volhouden door iets te zeggen als: "Ik zou het echt waarderen als het je wel lukt, ik doe ook altijd mijn best voor jou."
Therapeut:	Ja, heel goed!

6.6
Conclusie

Het kan zijn dat je het te spannend vindt om een rollenspel te doen, of dat je een hekel hebt aan rollenspellen. We merken echter dat het goed kan helpen om eerst met nieuw gedrag te oefenen, alvorens het te gaan toepassen in het dagelijks leven. Feedback van je therapeut kan helpen zicht te krijgen op hoe je overkomt, zowel verbaal als non-verbaal. Naast het doen van rollenspellen, zal de therapeut je ook regelmatig feedback geven over hoe hij het contact met jou ervaart. Welke invloed heeft jouw gedrag op de therapeut en andersom? Hiervoor kunnen jullie de communicatiestijlen gebruiken uit figuur 6.1. Waar bevinden jullie je in de cirkel? Is jullie gedrag flexibel (de ene keer volgt de therapeut jou, de andere keer ben jij meer volgzaam) of zijn jullie in een vast patroon terechtgekomen? Het is goed om het contact regelmatig bespreekbaar te maken en je bewust te zijn van je manier van communiceren.

7 Afsluiten van de behandeling

7.1 Inleiding

Een chronische depressie wordt wel eens vergeleken met diabetes mellitus, suikerziekte (McCullough et al. 2015). Hiermee wordt aangeven dat de chronische depressie overeenkomsten heeft met een chronische ziekte waar je de rest van je leven rekening mee zult moeten houden en waarop je je gedrag zult moeten aanpassen. Chronisch depressieve mensen zullen, net als ieder ander, ook de rest van hun leven interpersoonlijke problemen tegen blijven komen. Dit hoort bij het leven en hoeft niet erg te zijn, zolang je maar weet hoe je ermee om moet gaan. Het is daarom van belang dat je na afloop van de CBASP-therapie de technieken zelfstandig toe kunt passen. Dat je zelf situatie-analyses kunt maken en zelf onderscheid kunt maken tussen mensen die goed voor je zijn (zij die het beste met je voor hebben) en mensen die dat niet zijn (zij die misbruik van je maken). En dat je je continu bewust blijft van het effect dat je op anderen hebt. Je zult deze technieken dagelijks moeten toepassen om het oude (disfunctionele) gedrag te overschrijven met het nieuw geleerde gedrag. Zolang je de aangeleerde CBASP-technieken blijft toepassen, zul je jezelf beter beschermen tegen een terugval.

7.2 Terugvalpreventieplan

Een terugvalpreventieplan kan je hierbij helpen. Binnen CBASP is hier geen vast format voor. Het is de bedoeling dat je samen met je therapeut een manier zoekt die jou het meest aanspreekt. Het kan bijvoorbeeld helpen om al het materiaal door te nemen dat je gebruikt hebt tijdens de therapie. Hierbij valt te denken aan de beloopstabel, de stempels van je belangrijke personen en je situatie-analyses. Wat waren aan het begin van de therapie je interactiepatronen? Hoe ga je daar nu mee om? Bijvoorbeeld bij Maria die niemand vertrouwde vanwege haar nare ervaringen met de voor haar belangrijke personen. Ze liet aan het begin van de therapie nooit het achterste van haar tong zien. Naarmate het vertrouwen in de therapeut groeide, durfde ze meer te bespreken en merkte ze de positieve uitwerking hiervan. Inmiddels durft ze dit ook bij anderen meer te doen. Vroeger verwachtte ze weinig van anderen en vond ze dat ze alle problemen zelf moest oplossen. Nu bespreekt ze haar problemen met enkele vrienden. Ze voelt zich hierdoor minder eenzaam en meer gesteund. Dit is een van haar aandachtspunten: 'Als ik het idee heb "ik sta er alleen voor" dan weet ik dat ik weer in mijn oude gedrag zit en met iemand moet gaan praten en mijn problemen moet delen'. Daarnaast ontdekte ze dat ze tijd voor zichzelf nodig heeft. Zodra ze haar week volledig volplande, namen haar depressieve klachten toe. Als ze haar schema aanpaste met twee keer per week een halve dag voor zichzelf iets te gaan doen, klaarde haar depressie snel op. Ook dat is een belangrijk aandachtspunt voor de rest van haar leven. Tot slot eiste ze van zichzelf dat ze altijd klaar moest staan voor anderen. In het contact met vrienden en familie was ze vooral bezig met klaarstaan voor de ander, waardoor ze erg tegen contact op was gaan zien. Ze heeft geleerd wat minder hoge eisen aan zichzelf te stellen en 'maar te zien hoe het contact loopt'. Ook dit blijft een aandachtspunt. Samen met de therapeut maakte Maria een terugvalplan, waarin ze tekeningen had gemaakt van zichzelf in haar verschillende oude patronen (de 'ik-sta-er-weer-helemaal-alleen-voor-ik', de 'altijd-maar-klaarstaande-ik' en de 'volgeplande-ik') met daaronder haar nieuwe leefregels.

7.3 Afbouwen

De CBASP-therapie wordt geleidelijk afgebouwd. Tijdens de eerste weken van de CBASP-therapie vinden meestal twee sessies per week plaats. Na een week of vier kunnen de sessies naar één keer per week worden afgebouwd. Na verloop van tijd is het mogelijk om de frequentie van de sessies verder af te bouwen naar één keer per twee weken en op het eind van de behandeling naar maandelijkse sessies. Als er een stabiele situatie is ontstaan en geen grote veranderingen meer optreden in je stemming, wordt het afronden van de therapie besproken.

7.4 Conclusie

Wanneer je de CBASP-technieken zoals SA en IOM zelf kunt uitvoeren en toepassen in je dagelijks leven, en je het idee hebt dat de therapeut overbodig is geworden, wordt het tijd om af te sluiten. Helaas komt het ook voor dat mensen zich de CBASP-technieken niet goed eigen kunnen maken, of onvoldoende verbeteren. Een valkuil kan dan zijn om te lang door te gaan, zonder dat er verandering optreedt. Samen met je therapeut bespreek je dan wat de beste opties zijn. Soms is een therapiestop goed, soms zal verwezen worden naar een andere hulpverlener voor een langer durend steunend contact, maar soms ook zal meer intensieve (deeltijd)behandeling worden voorgesteld.

Bijlagen

Bijlage 1 Beloopstabel Depressie

Beloopstabel Depressie

mate van depressie				jaartallen
ernstig				
matig				
licht				

(eerste depressie) → (huidige depressie)

jaartal	ernst episode	gebeurtenis	behandeling

Bijlage 2 Belangrijke personen formulier

Belangrijke personen formulier

1. Naam: _____

_____

Stempel: _____

2. Naam: _____

_____

Stempel: _____

3. Naam: _____

_____

Stempel: _____

Belangrijke personen formulier (vervolg)

4. Naam: _____

[lined text box]

Stempel: _____

5. Naam: _____

[lined text box]

Stempel: _____

6. Naam: _____

[lined text box]

Stempel: _____

Bijlage 3 Situatie-analyse

Situatie-analyse

Naam: _____

Datum situatie: _____

Instructies: Kies één problematische situatie die je hebt meegemaakt de afgelopen week en beschrijf deze met behulp van het onderstaande formulier. Probeer alle delen van het formulier in te vullen. Tijdens de volgende sessie loop je samen met je therapeut deze situatie-analyse door.

Stap 1: Situatie
Beschrijf de situatie zo kort, bondig en objectief mogelijk met een duidelijk begin- en eindpunt.

Stap 2: Geef je interpretatie van wat er gebeurde
Wat dacht je tijdens de situatie?

1.

2.

3.

Stap 3: Gedrag
Beschrijf wat je deed in die situatie (wat je zei en hoe je het zei).

Stap 4: Feitelijke resultaat
Beschrijf hoe de situatie voor je uitpakte.

Stap 5: Gewenste resultaat
Beschrijf hoe je wilde dat de situatie uitpakte.

Stap 6: Werd het gewenste resultaat bereikt? JA _ NEE _

Herstelfase

Stap 1: Ga de interpretaties langs en vraag per interpretatie: is deze interpretatie specifiek of globaal, is hij toegespitst op de situatie die zich voordeed en heeft deze interpretatie geholpen om het gewenste resultaat te krijgen?

1.

2.

3.

Stap 2: Actie-interpretatie
Wat had je tegen jezelf kunnen zeggen, waardoor je beter in staat was geweest het gewenste resultaat te bereiken? (b.v. iets dat je tegen jezelf zegt dat je aanzet om in actie te komen om iets te zeggen of te doen)

Als je dat tegen jezelf had gezegd, wat had je dan gedaan?

Als je dat gedacht en gedaan had, wat was dan het resultaat geweest?

Had je dan gekregen wat je wilde? JA _ NEE _

Stap 3: Samenvatting van het geleerde
Wat heb je geleerd van deze situatie?

Stap 4: Generalisatie
Kun je een andere situatie bedenken die hierop lijkt en waarop hetgeen je geleerd hebt van toepassing zou kunnen zijn?

Literatuur

American Psychiatric Association. (2014). *Diagnostic and statistical manual of mental disorders*, 6th ed. Arlington: American Psychiatric Publishing.

Keller, M. B., McCullough, J. P., Klein, D. N., et al. (2000). A comparison of nefazodone, the cognitive behavioral-analysis system of psychotherapy, and their combination for the treatment of chronic depression. *New England Journal of Medicine, 342*, 1462-1470.

Kiesler, D. J. (1996). From communications to interpersonal theory: a personal odyssey. *Journal of Personality Assessment, 66*, 267-282.

McCullough, J. P. (2000). *Treatment for chronic depression. Cognitive behavioral analysis system of psychotherapy*. New York: The Guilford Press.

McCullough, J. P., Schramm E, Penberthy JK (2015). *CBASP as a Distinctive Treatment for Persistent Depressive Disorder*. Londen: Routledge.

Wiersma, J. E., Schaik, D. J. F. van, Hoogendorn, A., Dekker, J. J., van, H. L., Schoevers, R. A., Blom, M. B. J., Maas, K., Smit, J. H., McCullough, J. P., Beekman, A. T. F., Oppen, P. van (2014). The effectiveness of cognitive behavioral analysis system of psychotherapy for chronic depression: A randomized controlled trial. *Psychosomatics and Psychotherapy, 83*(5), 263-269.

Wiersma, J. E., Schaik, D. J. van, Oppen, P. van, et al. (2008). Treatment of chronically depressed patients: a multisite randomized controlled trial testing the effectiveness of 'Cognitive Behavioral Analysis System of Psychotherapy' (CBASP) for chronic depressions versus usual secondary care. *BioMedCentral Psychiatry, 8*, 18.

Wiersma, J.E., Hovens, J. G. F. M., Oppen, P. van, et al. (2009). The importance of childhood trauma and childhood life events for chronicity of depression. *Journal of Clinical Psychiatry* (70), 983-989 (CME-article (p. 1062)).

Over de auteurs

Jenneke Wiersma is als postdoc onderzoeker en GZ-psycholoog werkzaam binnen de Academische Werkplaats Depressie van GGZ inGeest. Zij promoveerde in 2011 op het proefschrift 'De psychologische kenmerken en behandeling van chronische depressie'. Zij heeft in haar klinische en onderzoekswerk de aandachtsgebieden 'depressie', 'psychotherapie' en 'e-'health. Zij is trainer en supervisor in CBASP en opgeleid tot cognitief gedragstherapeut.
http://www.emgo.nl/team/1110/jennekewiersma/personal-information/

Anneke van Schaik is als psychiater en onderzoeker werkzaam binnen de Academische Werkplaats Depressie van GGZ inGeest. Zij promoveerde in 2006 op het proefschrift 'Interpersoonlijke psychotherapie voor depressieve ouderen in de huisartsenpraktijk'. Zij heeft in haar klinische en onderzoekswerk de volgende aandachtsgebieden: depressie, psychotherapie, migranten en e-health. Zij is trainer en supervisor in Interpersoonlijke Psychotherapie (IPT) en in CBASP. http://www.emgo.nl/team/283/annekevanschaik/personal-information/

Patricia van Oppen is als hoogleraar Psychotherapie in de Psychiatrie verbonden aan de afdeling Psychiatrie van het VUmc, Amsterdam, en is als GZ-psycholoog werkzaam binnen de Academische Werkplaats Depressie van GGZ inGeest. Zij heeft in haar klinische en onderzoekswerk de aandachtsgebieden 'depressie', 'angst', 'dwangstoornis', 'psychotherapie' en 'e-health'. Zij is VGCT-supervisor en supervisor in CBASP.
http://www.emgo.nl/team/219/patriciavanoppen/personal-information/

MIX
Papier aus verantwortungsvollen Quellen
Paper from responsible sources
FSC® C105338

If you have any concerns about our products,
you can contact us on
ProductSafety@springernature.com

In case Publisher is established outside the EU,
the EU authorized representative is:
**Springer Nature Customer Service Center GmbH
Europaplatz 3, 69115 Heidelberg, Germany**

Printed by Libri Plureos GmbH
in Hamburg, Germany